国家社会科学基金一般项目"长江中游城市群府际合作水平的
测度与提升路径研究"（15BZZ047）成果

长江中游城市群
府际合作水平测度与
提升路径研究

吕丽娜　著

九 州 出 版 社　全国百佳图书出版单位
JIUZHOUPRESS

图书在版编目（CIP）数据

长江中游城市群府际合作水平测度与提升路径研究 /
吕丽娜著. -- 北京 : 九州出版社，2021.10
ISBN 978-7-5225-0504-6

Ⅰ．①长… Ⅱ．①吕… Ⅲ．①长江中下游－城市群－
区域经济合作－研究 Ⅳ．①F299.275

中国版本图书馆CIP数据核字(2021)第186517号

长江中游城市群府际合作水平测度与提升路径研究

作　　者　吕丽娜　著
责任编辑　习　欣
出版发行　九州出版社
地　　址　北京市西城区阜外大街甲 35 号（100037）
发行电话　(010)68992190/3/5/6
网　　址　www.jiuzhoupress.com
印　　刷　北京九州迅驰传媒文化有限公司
开　　本　720 毫米×1020 毫米　16 开
印　　张　11.5
字　　数　181 千字
版　　次　2021 年 10 月第 1 版
印　　次　2021 年 10 月第 1 次印刷
书　　号　ISBN 978-7-5225-0504-6
定　　价　42.00 元

目　录

绪　论

第一节　选题背景与研究价值

一、选题背景

十八大以来，城市群作为我国参与国际竞争的重要空间组织形式和推进新型城镇化的主体形态，受到党中央的高度重视。党中央做出了京津冀协同发展、长江经济带发展、粤港澳大湾区建设和长三角一体化发展等一系列区域发展战略部署。习近平总书记指出，我国经济发展的空间结构正在发生深刻变化，中心城市和城市群正在成为承载发展要素的主要空间形式。[①]一个城市群往往包含了众多互不隶属的城市，在行政分权体制下，各个城市政府相对独立地行使管辖权，对辖区内的政治、经济、社会、文化和生态环境保护等公共事务进行管理，这种碎片化管理方式所形成的行政壁垒必然阻碍资源要素的合理流动与高效配置。加强各地间的分工与合作、形成优势互补的区域经济发展格局既是党中央和国务院统筹区域发展战略的具体要求，也是各地凭借城市群的集聚效应为自身在国内国际竞争中谋得一席之地的内在需要。在中央顶层设计和地方利益诉求的共同驱动下，国内各个城市群内地方政府的合作正在如火如荼地展开，尽管合作领域持续拓宽、合作频率不断加快，但诸如产业结构趋同、跨行政区域公共物品供给难、成本分担与收益分享机制不健全、内部发展不均衡等问题长期得不到有效解决，相关理论研究有待加强。

长江中游城市群地处我国中部，是我国承东启西、连南接北的枢纽，对

---

① 习近平. 推动形成优势互补高质量发展的区域经济布局 [J]. 共产党员，2020（2）：4-5.

于统筹长江经济带的发展、促进中部崛起和打造中国经济发展新增长极具有重要战略意义，被国家十三五规划指定为重点发展壮大的城市群。尽管长江中游城市群这一概念的正式提出是在 2012 年，但该区域的地方政府间合作却可以追溯到 1987 年 5 月 23 日武汉经济协作区的组建，其后在中部崛起战略和长江中游城市群空间概念的驱动下得以深化，进入高速发展时期。当前城市群内省级政府之间、省会城市之间、次区域城市间三个不同层次的合作交流频繁，各方定期召开联席会议，共商合作事项，并签署了大量行政合作协议。各地在交通基础设施互联互通、异地就医即时结算、公积金异地贷款和旅游资源共享等领域取得了较为显著的合作成效，但也面临大量问题亟待解决，主要包括：第一，与行政合作协议数量增长速度相比，行政协议落实推进较为缓慢，诸如产业协同、人才一体化发展等一些在合作之初就已达成的共识至今仍在老调重弹，尚未取得实质性进展。第二，内部发展不均衡，武汉、长沙、南昌等核心城市极化效应明显，发展迅猛；黄石、鄂州、株洲、湘潭、九江、景德镇等周边城市受核心城市带动作用影响明显，发展较快；而黄冈、孝感、益阳、娄底、吉安、宜春等城市发展比较缓慢。第三，产业协同发展不足，如在项目、资金争取和承接产业转移方面，各地差异化不足，竞争超过合作。第四，生态环境风险呈现出多样化特点，水污染、空气污染、土壤和农村环境污染治理压力大，区域湿地面积减少，生态系统功能退化。第五，区域合作机制不健全，合作组织形式松散，在生态环境治理和产业分工合作上尚未建立起完善的利益补偿与分配机制。上述问题表明，长江中游城市群整体发展水平与国家战略目标的定位还存在一定差距。地方政府既是城市群战略的积极倡导者和推动者，同时也是最大的阻碍力量，正是地方政府对市场的不当干预、歧视性政策及由此造成的体制障碍制约了城市群协同发展。[①] 只有提升地方政府合作水平，才能实现长江中游城市群赶超式的发展。

二、研究价值

本书尝试依据"五位一体"总体布局、区域协调发展理论和国家城市群战略目标，构建系统的地方政府合作水平评价指标体系，通过全面收集数据，对长江

---

① 周立群，夏良科. 区域经济一体化的测度与比较：来自京津冀、长三角和珠三角的证据 [J]. 江海学刊，2010（4）：81-87.

中游城市群内地方政府的合作水平进行定量测度，并基于测度结果的统计分析做出综合价值判断，进而提出优化提升的建议。其学术价值和应用价值如下：

（一）学术价值

1. 突破经济一体化的单一维度，构建系统的评价指标体系。国内学术界对地方政府区域合作问题的关注最早源于区域经济的发展，着力于解决"行政区经济"问题，在很长一段时间内一直将经济领域合作作为研究重点。之后伴随区域公共管理理论的兴起，研究范围才逐渐扩大到环境保护、区域公共危机化解和区域性公共服务供给等众多领域。目前学术界有关地方政府合作水平综合评价研究的成果较少。本书以党中央提出的经济建设、政治建设、文化建设、社会建设和生态文明建设"五位一体"总体布局为指导，从经济、行政、社会、文化和生态五个维度来全面系统地考察城市群内地方政府合作的水平，是对现有理论研究成果的拓展。

2. 对地方政府合作水平进行定量测评，弥补现有定量研究的不足。从国内现有研究成果来看，有关地方政府区域合作理论研究的成果较为丰富，众多学者已对地方政府跨行政区合作的性质、模式和机制等理论问题进行了深入研究。近年来，又涌现出一大批针对特定城市群地方政府合作问题和针对雾霾、流域、科技等特定领域中地方政府合作问题的专门研究成果。总体而言，已有的研究偏重于定性分析，即便是特定区域地方政府合作的实证研究，也大多采用"发现问题、分析原因和提出对策"的三段论模式，缺乏严格的实证分析色彩。与定性研究相比，有关地方政府区域合作的定量化研究成果相对不足。本书尝试对地方政府合作问题进行定量研究，力求能有所突破。

3. 开展跨学科研究，力求在学科复合交叉领域有所创新。城市群内地方政府合作问题的研究涉及政治学、公共管理学、经济学、法学和社会学等多个学科领域，本书运用运筹学中的层次分析法、公共经济学中的集团理论、政治学中的府际关系理论以及公共管理学中的案例研究法等对地方政府合作这一行政问题进行多角度的研究，可能产生在学科复合交叉领域的学术创新。

（二）应用价值

1. 有助于推动长江中游城市群一体化的进程，促进我国区域协调发展和中部崛起。首先，本书所设计的地方政府合作水平评价指标体系，可以帮助长江中游城市群内的地方政府进一步明确区域合作目标，提高对区域合作重要性的认识，进而转化为实际行动。其次，评价指标的设计与运用为该区域地方政府提供了总结与自省的工具，可以帮助其总结成绩、发现问题，并及时调整相关政策，确保区域合作的健康发展。再次，评价指标的设计与运用也为上级政府施加等级制影响提供了客观依据，便于上级采取激励约束措施，推动该区域合作不断深入。

2. 有助于促进城市群的高质量发展，推动国家城市群战略的实施。城市群往往是一个国家和地区经济最活跃、发展最强劲的区域，也是各国提升经济实力、参与国际竞争的重要平台。在我国现有的国家级城市群中，长江中游城市群府际合作主体层级多、范围广，合作问题复杂，具有典型性。本书的研究结论和政策建议对国内其他城市群具有借鉴意义，有助于推动我国城市群战略的实施，提升国家竞争力。

3. 有助于完善地方政府绩效考核评价指标体系。随着发展理念的转变，中央对地方政府绩效考核指标也发生了根本性的转变，由过去的 GDP 挂帅转向绿色、全面、可持续的发展。在区域协调发展国家战略背景下，区域合作已成为地方政府职能的重要组成部分，对该项工作评价指标的探讨可以完善现有地方政府绩效考核评价指标体系，便于中央更加准确地掌握地方政府在区域合作中的履职情况，并对地方政府绩效做出更加全面的评价。

第二节 核心概念的界定

一、城市群

"城市群"的概念最早由法国地理学家戈特曼（J. Gottmann）提出，他在 1957 年发表的 "Megalopolis: the Urbanization of the Northeastern Seaboard" 一文中，使用了 "Megalopolis" 一词来描述美国东北部沿海地区由波士顿、纽约、费城、巴尔的摩和华盛顿等众多大城市聚合而成的广阔、连续的经济地区。国内学者在引入该词时，使用了城市群、都市群、大都市带、都市圈和都市连绵区等多种不同的中文译法，[①] 并从不同的学科视角对其内涵和外延

---

① 戴宾. 城市群及其相关概念辨析 [J]. 财经科学，2004（6）：101-103.

进行了界定。如黄黎明（1989）从地理学角度，将城市群等同为城市密集地区，突出了城市群在空间分布上的地域性和群聚性。[①] 姚士谋（1992）从区域经济学角度，将城市群定义为"在地域范围内具有相当数量不同性质、类型和等级规模的城市，依托一定的自然环境条件，以一个或两个超大或特大城市作为地区经济的核心，借助于现代化的交通工具和综合运输网的通达性，以及高度发达的信息网络，发生与发展着城市个体之间的内在联系，共同构成一个相对完整的城市集合体。"[②] 该定义强调了城市群内经济活动的空间组织与资源要素的空间配置，突出了城市之间的集聚与扩散效应以及经济一体化发展。[③] 黄征学（2014）在上述基础上从结构功能主义视角出发，强调城市群是"空间结构、职能结构和规模结构合理的城市综合体"。[④] 袁莉（2014）从生态学视角出发，将城市群定义为"一定地域范围内的资源、环境、经济、社会子系统耦合而成的复合生态系统"，指出城市群内的密切联系并非仅仅囿于经济社会活动。[⑤]

综合上述观点，本书认为，城市群是一定地域范围内若干不同规模的城市，以一个或多个大城市为中心，发挥各自特有功能而形成的具有密切联系的有机集合体。它包括以下四个基本特征；一是地域性，它是由若干个地理位置毗邻的城市构成的特定地域空间，其形状和大小取决于城市间交通网络的分布状况和城市间经济活动集聚与扩散的方向，既可以呈带状延伸，也可以呈圈状扩展或是散点状分布。二是群聚性，它是由一定数量城市组成的集合体，其人口密度与各类城镇密度较高且连续分布。美、日、英等多个国家都对城市群中中心城市和外围城市人口以及城市间距离等做出了具体的规定。三是中心性，它以一个或几个首位度较高的大中城市为核心，这些城市是城市群的政治、经济、文化中心，对其外围地区产生强烈的吸引和辐射作用。由于中心城市数量的不同形成了单中心和多中心两种类型的城市群。四是联系性，城市群不是简单自然地理意义上的城市聚集，而是由多个政治、经济、

---

① 黄黎明. 中国城市化道路初探 [M]. 北京：中国建筑工业出版社，1989：102-104.
② 姚士谋，朱英明，陈振光. 中国城市群 [M]. 合肥：中国科学技术出版社，1992：7-10.
③ 戴宾. 城市群及其相关概念辨析 [J]. 财经科学，2004（6）：101-103..
④ 黄征学. 城市群的概念及特征 [J]. 区域经济评论，2014（4）：141-146.
⑤ 袁莉. 城市群协同发展机理、实现途径及对策研究 [D]. 中南大学博士学位论文，2014：4.

社会和文化活动上相互融合和互补的城市构成的有机体，各个城市彼此分工合作、功能互补。

二、府际合作

对于府际合作一词，国内学术界存在广义和狭义两种不同的认识。从狭义角度来看，府际合作是指各级各类政府及其部门间的合作，它涵盖了纵向和横向两个维度，既包括中央与省级政府、省级政府与下属市（州）政府、市（州）政府与下属县（市）政府等的纵向合作，也包括互不隶属的各级地方政府间的横向合作。从广义角度看，府际合作的主体不仅包括政府，还涉及各类企业、第三部门和公众，是中央与地方、地方与地方及公私部门共同构成的政策网络。[①] 尽管多主体多向互动的府际治理是未来府际合作发展的必然方向，但在社会主义市场经济体制不够完善和市民社会发育不够成熟的现实语境下，我国区域合作在相当长一段时期内都是政府主导型的合作，只是不同时期，作为主导者的政府层级有所不同。改革开放之初主要是中央政府主导的"强制型"区域合作，而进入20世纪90年代中期之后，则表现为地方自发的"诱致型"区域合作。因此，本书将府际合作的研究重点放在政府间的横向合作上，将府际合作界定为城市群内地方政府在彼此依赖的环境中分享权力，相互协调与配合，共同管理区域性公共事务的行为。

第三节 相关文献综述

一、国外研究综述

国外学术界对地方政府合作问题的关注缘于政府结构"碎片化"对大都市区发展的桎梏，其成果主要集中于以下四个方面：

（一）关于地方政府合作成因的研究

以罗兹（Rhodes）为代表的权力——依赖理论学派认为，大多数政府都是相互依赖的，资源的交换可达到配置的帕累托最优。斯坦因（Stein, 1990）

---

① 何精华. 府际合作治理：生成逻辑、理论涵义与政策工具 [J]. 上海师范大学学报（哲学社会科学版），2011（6）：41-48.

和霍奇（Hodge，2000）等认为地方政府达成服务合作的重要目标是为了节省成本。阿格伯勒、奥本和塔利（Ugboro，Obeng & Talley，2001）指出对跨区服务连续性的诉求是地方政府间签订协议的一个重要诱因。迈克尔·拉尔（Michael. Lahr,2006）论证了地方政府间的合作可以达到以中心城市带动周边地区发展之功效。经济合作与发展组织将引发地方政府合作趋势的原因归纳为四点：一是协力处理环境保护和经济可持续发展等政策问题；二是通力解决区域经济发展失衡、失业和贫困等社会问题；三是整合资源与行动以更好应对全球化的冲击，提升自身的竞争力；四是提升政府效能。

（二）关于地方政府合作成效评估的研究

联合国人居署提出了建立区域合作治理指标的七项步骤方法，并从效能性（Effectiveness）、公平性（Equity）、参与度（Participation）、责任性（Accountability）、安全性（Safety）五个维度设计了区域合作治理评价指标，其下共包含了地方人均收入、地方政府收入转移、制定区域愿景目标、获取基本服务的权力、支持穷人的价格政策设计、居民收入差距、民选议会、公共论坛、高层官员与地方政府接触的紧密度、独立的预算/审计、区域生态环境、区域环境污染治理、犯罪率等26个具体指标。英国审计委员会联合护理质量委员会等6家组织于2009年2月共同发布了"综合地区评估"方法。为配合该项评估的开展，英国政府出台了对地方政府合作机构进行评估的"国家指标"，共涉及4个一级指标、10个二级指标和198个具体指标，其一级指标涵盖了更强大和安全的社区、三类人群（儿童、青少年和成年人）的健康和福祉、地区经济和环境可持续发展四个维度，具体指标内容则始终将经济性、效率性和效果性的要求贯穿其中。①

（三）关于地方政府合作影响因素的研究

相关研究结论可被归纳为三大类：第一种是客观因素决定论，摩根和赫尔林格（Morgan & Hirlinger，1991）的经验研究显示，越依赖上级政府财政资助的城市实施合作的可能性越大；库恩（J.Coon，1998）指出，地方政府合作意愿与合作任务性质高度相关，规模效应、设备的闲置、任务的方便性及服务共享性等起决定性作用；米勒（Miller，2002）认为，地理位置是影响

---

① 马海龙. 行政区经济运行时期的区域治理——以京津冀为例 [D]. 华东师范大学博士学位论文，2008：121.

合作的最紧密因素，相邻地区合作积极性更高。第二种是主观因素决定论，维瑟（H.A.Visser，2002）认为，政治文化和组织文化及其对地方政府官员的影响是地方政府合作的决定性驱动因素；特米尔和伍德（Thurmaier & Wood，2002）通过考察地方官员的社会网络与地方间协议发生率之间的关系发现，地方官员在反复互动过程中建立起来的信任和互惠规范促进了地方政府之间的合作；理查德·C.菲沃克和吉尔·陶（Richard.C.Felock & Jill.Tao，2002）等运用 Probit 模型证明了内生性社会资本在促进区域合作上发挥了积极作用。第三种是综合因素决定论，美国学者凯瑟琳·福斯特（Katherine.Faust，2003）等将合作影响因素归纳为十个方面，具体包括自然资源、整体经济、向心力、成长经历、社会、财政、公正、政治、法律和历史传统；[1]贝尔（G.Bel，2015）等指出，府际合作的主要影响因素包括地理位置、交易成本、服务特性、合作规则、共享理念和社会网络。[2]

（四）关于地方政府合作促进机制的研究

其大致可以被归纳为以下四种类型：一是以集权为特征的科层制机制。保罗·斯杜邓斯基（Paul.Studenski）的《美国大都市区的政府》（1930）是该派的开山之作，该机制的实践形式包括建立一个庞大的地方自治当局（Wictor.Jones，1942）、建立联邦式区域政府结构（Luther.Halsey.Gulick，1962）或通过上级政府颁发法律条文来促进协作（Brenner.N.，2002）等。二是以分权为特征的市场化机制，即主张由区域内多个治理主体建立一套完善的自我统治和民主行政机制来推动合作。查尔斯·蒂伯特（Charles.M.Tiebout）、罗伯特·沃伦(Bobert.Warren)和奥斯特罗姆夫妇(Vincent.Ostrom&Elinor.Ostrom)是该派的代表性人物。三是各种利益相关者参与的网络化机制。如美国学者赖特（D.Wright）提出以府际管理模式代替原有的政府间关系模式；孟德尔（Mendel）主张以组织间网络的概念代替传统的层级节制体系；海伦·萨利文（Helen.Sullivan）和克里斯·斯凯奇（Chris.Skechers）倡导采用契约、伙伴关系及网络三种形态解决跨区域问题。四是元治理机制，它涉及运用等级制权威为网络化自组织治理创设条件（Robert.Jessop，2003）。英国政府以审计

---

① 饶常林.地方政府合作的影响因素分析 [J].新视野，2014（5）：60-64.

② G Bel，ME Warne，Mildred E. Warner. Inter-municipal Cooperation and Costs：Expectations and Evidence[J]. Public Administration,，2015，93(1)：52-67.

委员会为元治理工具，促进区域一体化（Josie. Kelly，2006）。欧盟为成员国的公私伙伴关系网络搭建起元治理的规制框架（Ole. Shelby. Peterson，2010）。国外理论研究和实践经验表明，不同的促进机制各有利弊，在特定的环境条件下都有成功的范例，其有效性取决于与环境的吻合度。

综上所述，国外有关地方政府合作的理论成果和实践经验都比较丰富，对我国具有重要的借鉴意义。但在借鉴的过程中，应该注意国情的差异，由于国外的政治体制、法律制度、经济与社会发展水平和文化传统等与我国存在明显的差异，对国外的研究成果我们不能奉行简单的"拿来主义"，而是要选择性地加以吸收和借鉴。

二、国内研究综述

（一）地方政府合作研究的兴起

国内学术界对该问题的关注最早源于区域经济的发展。刘君德（1991）、舒庆和周克瑜（1993）等从理论上提出并界定了由于行政区域对区域经济的刚性约束而产生的"行政区经济"现象，并遵循科层制的路径提出了行政区划改革和组建城市联合委员会等突破"行政区经济"的思路。此后，以林尚立（1998）、宋月红（1999）、陈振明和谢庆奎（2000）等为代表的一批学者从行政学视角指出，政府间关系是中央与各级地方政府间纵横交错的网络关系，并将地方政府间横向关系纳入府际关系的研究领域。由此以"公平竞争、相互合作、互利互惠、共同发展"为内容的横向府际关系成为政治学与行政学研究的热点问题。

（二）地方政府合作研究的拓展

进入 21 世纪之后，国内地方政府合作研究得以拓展，主要表现为：第一，研究主体与内容的拓展。以陈瑞莲（2002）、施祖麟（2003）、陈振明（2003）和金太军（2007）等为代表的一批学者基于公共管理理论框架，将地方政府合作范围扩展到环境保护、区域性公共物品供给和区域公共危机化解等众多领域，并主张建立不局限于政府的多中心、多层次区域公共管理体系。王健等（2004）提出了"复合行政"的概念，呼吁构建跨行政区划、跨行政层级的不同政府之间，吸纳非政府组织参与，经交叠、嵌套而形成的多中心、自主治理的合作机制。[①] 施祖麟和毕亮亮（2007）以江浙边界水污染治理为例，提出适合国情的水污染治理管理机制是通过机构、机制和法规等综合改革来协调体制矛盾。[②] 宋方青和朱志昊（2009）提出了区域立法合作问题，主张建立有制度性约束力的立法合作模式促进区域经济、社会发展。[③] 第二，研究工具拓展。经济学和生态学的理论工具与方法被大量运用。周黎安（2004）、高伟生和许培源（2007）等运用博弈模型分析了地方政府合作困境的生成机理。张紧跟（2006）分析了地方政府合作中交易费用的产生及其构成，指出要通过制度建设来减少交易成本，促进合作。陈剩勇和马斌（2004）、任维德（2009）等运用制度分析工具探讨了地方政府合作的体制障碍，提出通过制度创新推动合作。冷志明和张合平（2007）运用种群生态学中的共生理论，剖析了区域经济合作的共生单元、共生模式、共生环境和共生界面。[④] 杨龙和彭彦强（2009）从行政管辖权让渡的视角对地方政府合作性质进行了解读。

（三）地方政府合作研究的深化

近年来相关研究成果呈现出三大趋势：一是研究视角更加多元化。叶必丰和何渊等（2010）从法学视角切入，对行政协议这一地方政府合作模式进行了深入系统的探讨。[⑤] 汪伟全（2010）基于治理理论，指出多中心网络治理模式是未来地方政府间合作发展的趋势。王佃利等（2015）提出构建包括制度保障、整体性政府间关系、公私合作在内的区域公共物品多中心供给方式。[⑥] 李荣娟（2011）基于协同视角总结出区域合作的五种政策供给模式，即相互影响、政府协商、等级压力、共同决策和多速整合模式。[⑦] 锁利铭（2017）运用制度性集体行动分析框架来研究城市群的环境协作治理问题。二是研究内

---

① 王健，鲍静，刘小康，王佃利."复合行政"的提出——解决当代中国区域经济一体化与行政区划冲突的新思路 [J]. 中国行政管理，2004（3）：44-48.

② 施祖麟，毕亮亮. 我国跨行政区河流域水污染治理管理机制的研究——以江浙边界水污染治理为例 [J]. 中国人口 资源与环境，2007（6）：3-9.

③ 宋方青，朱志昊. 论我国区域立法合作 [J]. 政治与法律，2009（11）：19-26.

④ 冷志明，张合平. 基于共生理论的区域经济合作机理 [J]. 经济纵横，2007（4）：32-33.

⑤ 叶必丰，何渊，李煜兴，徐健. 行政协议——区域政府间合作机制研究 [M]. 北京：法律出版社，2010：2.

⑥ 王佃利，王玉龙，苟晓曼. 区域公共物品视角下的城市群合作治理机制研究 [J]. 中国行政管理，2015（9）：6-7.

⑦ 李荣娟. 协同视角下的区域公共治理：契机选择与政策供给 [J]. 中国行政管理，2011（6）：89-92.

容向微观纵深发展。越来越多的学者开始关注环境、科技、立法等具体领域中地方政府合作问题的研究。如蔡岚（2013）、汪伟全（2014）、崔晶和孙伟（2014）、王冰和贺璇（2014）、高明（2016）等对空气污染的区域合作治理问题进行了专门研究；殷杰兰和钟书化（2011）对中部六省府际科技合作的动因、特点和发展趋势展开了分析。余敏江（2015）提出将社群主义观念融入区域生态环境治理实践。[①]齐峰（2015）从区域治理视角对地方政府公共卫生安全合作问题进行研究。三是实证研究日益丰富。涌现出一批关于长三角、珠三角、京津冀、长江中游城市群等区域合作研究的成果。其中，具有代表性的成果包括金太军、马捷和锁利铭等对长三角一体化区域合作机制的系列研究；陈瑞莲、张紧跟和刘亚平等对泛珠三角区域政府合作问题的研究；薄文广和孙久文等对京津冀区域合作问题的研究；秦尊文等对长江中游城市群区域合作问题的系列研究；任宗哲和宫欣旺对乌昌和西咸区域合作的比较研究等。

　　尽管已有的研究成果为推动地方政府合作提供了理论指导，但尚存在以下三个方面的不足：一是研究成果数量偏少，与当前如火如荼的地方政府合作实践形成了一定的反差；二是对待国外成功经验与理论成果，未能处理好借鉴与创新的关系，一方面，在引入国外理论时，与我国国情结合不紧密，另一方面，对策研究又未充分借鉴国外的先进做法；三是偏重于定性的理论研究，定量的实证研究不足。目前，与地方政府合作水平评价相关的定量研究屈指可数，主要包括：一是上海社会科学院经济法律社会咨询中心针对长三角区域合作协调制度设计的绩效评价指标体系。该体系包含了法治化、资源要素的绩效和社会效益三个维度的 50 个观测指标，每个指标 2 分，采用主观赋值法。[②]二是汪伟全在此基础上所做的拓展研究，提出了一个包含法治化、经济效益、社会效益和生态效益在内的地方政府合作评估指标体系。[③]但令人遗憾的是，该体系缺少具体观测指标，可操作性不强。三是王福龙运用德尔菲法构建了地方政府间横向合作水平评价指标体系，该体系包括政策制

① 余敏江. 区域生态环境协同治理的逻辑——基于社群主义视角的分析 [J]. 社会科学，2015(1)：82-90.
② 上海社会科学院经济法律社会咨询中心. 长三角区域发展与合作实证研究 [M]. 上海：上海社会科学院出版社，2010：228-246.
③ 汪伟全. 地方政府合作 [M]. 北京：中央编译出版社，2013：211-212.

度、目标协调、利益协调、信息沟通和社会文化 5 个一级指标，行政合作制度、官员考评制度、利益分配机制等 12 个二级指标和政府合作法律法规、区域全面发展考评制度、区域政府宏观调控等 35 个三级指标，[①] 该指标体系忽略了经济一体化和生态环境保护一体化等重点领域的区域合作水平，且部分三级指标如基本公共服务均等化、观念转化和社会协调等较为抽象，需要进一步细化分解。由此可见，现有研究成果中地方政府合作水平评价指标体系的系统性与可操作性都亟待加强，其效度也有待实践的检验。

第四节　研究设计

一、研究内容

本书将长江经济带的重要组成部分——长江中游城市群内地方政府的合作水平作为研究对象，研究其测度标准，对之进行测评与比较，探讨影响府际合作水平的关键性因素，并在借鉴国内外典型经验的基础上，针对这些关键因素设计提升府际合作水平的具体路径。主要研究内容包括：

（一）长江中游城市群府际合作水平测度指标体系

本书以党中央提出的经济建设、政治建设、文化建设、社会建设和生态文明建设"五位一体"总体布局为指导，并基于区域协调发展的战略思想，从经济领域合作水平指数、行政领域合作水平指数、社会建设领域合作水平指数、文化领域合作水平指数和生态环境保护领域合作水平指数五个维度来构建地方政府合作水平评价指标体系。

（二）长江中游城市群府际合作水平的测度

本书利用构建的指标体系，在收集数据资料的基础上，对长江中游城市群内部三大主体——武汉城市圈、环长株潭城市群和环鄱阳湖城市群 2007 至 2017 年间的府际合作水平进行测评与比较，力求从不同年份合作水平值的纵向对比中把握该区域府际合作的总体进程和发展态势，并从三大主体的横向对比中发现差异化程度，找出区域间的差距。

---

① 王福龙. 区域协调发展中地方政府间横向合作的评价指标体系构建 [J]. 行政管理改革, 2019（10）: 71-76.

（三）长江中游城市群府际合作比较研究

本书从组织规模、成员结构、合作意愿、合作范围、组织机制、协调机制和合作成效等方面对长江中游城市群的府际合作与国内长三角和京津冀两大跨省城市群的府际合作进行全面比较，从中寻找差距，总结经验教训。

（四）长江中游城市群府际合作水平影响因素分析

府际合作水平的差异是众多因素共同作用的产物。本书根据纵横比较的结果，从自然、政治、经济、组织、制度、利益等多个维度探析差异产生的原因，进而寻找制约长江中游城市群府际合作水平的关键性因素，为提出对策建议奠定基础。

（五）国外城市群府际合作案例研究

尽管国外政治、经济和文化背景与我国存在差异，但城市群内府际合作的性质和内容与我国具有相似性，其部分成熟的经验作为工具手段可以为我所用。本书选择美国纽约大都市圈、日本东京大都市圈和英国伦敦大都市圈作为典型案例，对其府际合作实践进行研究，从中归纳提炼可供借鉴的经验。

（六）长江中游城市群府际合作水平提升路径研究

府际合作是一项集体行动，需要制度框架来维持。本书针对长江中游城市群府际合作的主要障碍，提出用府际合作元治理模式来化解困境，并对府际合作元治理模式的实施机制进行深入探讨，为提高长江中游城市群府际合作水平提供对策建议。

二、研究方法

（一）层次分析法

层次分析法（Analytic Hierarchy Process）是一种定量与定性相结合的系统化分析方法，在处理复杂决策问题时具有较强的实用性。本书运用该方法对经济、行政、社会、文化和生态环境保护五个维度府际合作水平的子变量进行分解，并计算出各个子变量的权重，为目标变量府际合作水平确立系统的评价指标体系。

（二）比较研究法

比较研究法就是将两个或两个以上对象进行对比分析，以找出它们的差异性和相似性的方法。①该方法在公共管理学和政治学等学科中应用较为广泛。本书通过对长江中游城市群内部三个主体圈（群）的府际合作水平进行对比和对长江中游城市群与京津冀、长三角城市群的府际合作行动进行对比，全面认识长江中游城市群府际合作的成效与差距，分析差距产生的内外部原因，从中探寻影响府际合作水平的决定性因素。

（三）文献研究法

文献研究法是社会科学领域中常用的一种古老而又富有生命力的研究方法，它是指通过收集、整理文献，对所研究问题形成科学认识。本书对国内外地方政府跨行政区合作研究的文献进行系统地梳理与分析，从中找出带有普遍性的问题和有价值的观点，作为研究的理论基础。

（四）调查研究法

调查研究是理论联系实际，把握事物本质与规律的有效途径。本书通过运用文献调查、问卷调查和深度访谈等方法，全面掌握长江中游城市群、长三角城市群和京津冀城市群府际合作的相关数据资料，为定量测度和比较分析提供数据支撑。

（五）案例研究法

对典型案例的深度挖掘有助于掌握事物发展的规律，全面系统回答"是什么""为什么"以及"怎么样"等问题。本书对美国纽约城市群、日本东京城市群和英国伦敦城市群府际合作实践的个案进行分析，从中总结共性的经验，为长江中游城市群府际合作机制的完善提供借鉴。

第五节　创新之处

一、研究内容上的创新

目前国内学者已对地方政府合作的性质、困境与对策、影响因素、合作模式、动力机制等进行了深入的研究，但对地方政府合作水平评价指标体系的专门研究十分匮乏，本书拓展了现有的研究领域，对该评价指标体系的构

---

① 郭小聪.行政管理学 [M].北京：中国人民大学出版社，2016：21.

成因子及其权重进行了系统的研究。

二、学术观点上的创新

国内大量研究成果是基于区域经济一体化的视角解读地方政府合作问题，而本书突破经济一体化的单一维度，以"五位一体"总体布局和区域协调发展战略为指导，引入公平和效率的双重价值理念，从经济、行政、社会、文化和生态五个维度来全面系统地考察城市群内地方政府合作的水平。

三、研究方法上的创新

本书运用层次分析法将府际合作水平目标变量进行层层分解，构建出测度指标体系的层次结构模型，利用判断矩阵计算出各个子变量的具体权重，并通过查阅相关统计年鉴和开展问卷调查，获取了长江中游城市群 11 年间府际合作的详细数据资料，对其水平进行了定量测度。

第一章 长江中游城市群府际合作水平
测度指标体系

　　根据 2015 年 4 月国务院批复的《长江中游城市群发展规划》，长江中游城市群是指以武汉城市圈、环长株潭城市群和环鄱阳湖城市群为主体形成的特大型城市群，它以武汉、长沙、南昌三大城市为核心，涵盖了鄂湘赣三省的 31 个城市，承载了全国 9.3% 的人口。2019 年 GDP 达到 93833.92 亿，占全国 GDP 的 9.51%。该区域的府际合作始于 1987 年 5 月 23 日武汉经济协作区的组建，迄今已有三十多年的历史。近年来，该城市群内府际合作行动较为活跃，形成了大量的行政合作协议。府际合作的实际成效究竟如何？在多大程度上推进了区域协调发展？想要准确回答上述问题，需要解决的关键问题是围绕府际合作的最终目标、合作领域、合作途径及其影响因素等构建一套完整的测评指标体系。

　　"度量指标是沉默的统治者，它不仅决定了我们的工作任务，还决定我们工作的步骤和方式"。[①] 构建长江中游城市群府际合作水平测度指标体系具有重要的现实意义。首先，它可以为府际合作指明方向，即指明合作最终希望达到的目标是什么，要实现什么样的合作，通过合作要解决哪些实际问题。其次，它能为准确研判府际合作进程提供依据，便于上级政府全面了解和衡量合作的各类成果并对之施加影响。最后，它可以为地方政府提供总结与自省的工具，帮助地方政府及时发现合作中存在的问题，制定并调整相关政策。

---

　　① 樊梅. 基于公共价值账户的社会发展综合评价与实测 [D]. 华中科技大学博士论文，2015：163.

第一节　构建指标体系的理论与政策依据

一、理论依据

（一）"五位一体"总体布局

党的十八大提出了经济建设、政治建设、文化建设、社会建设和生态文明建设"五位一体"的总体布局。党的十九大又进一步明确了要以"五位一体"总体布局推进中国特色社会主义事业，并制定了新时代统筹推进"五位一体"总体布局的战略目标。"五位一体"总体布局是习近平新时代中国特色社会主义思想的重要组成部分，为我国社会主义现代化建设的各项事业提供了根本遵循。长江中游城市群的府际合作也必须服从于这一总体布局，在经济、政治、文化、社会和生态文明建设五个领域全方位展开。

上述五个合作领域自成系统，不能相互替代。其中，经济建设领域的合作旨在加强基础设施互联互通，破除资源流动障碍，促进各类生产要素自由流动，提高资源配置效率；发挥各地比较优势，合理分工，优化产业结构，实现区域经济的一体化，推动区域经济高质量发展。政治建设领域的合作重在健全政府合作的体制机制，从整体上提升地方政府的区域治理能力。文化建设领域合作的目的在于促进区域文化的共同繁荣与发展，满足人们日益增长的文化生活需求。社会建设领域的合作目标是改善民生，实现教育、医疗和社会保障等基本公共服务的均等化。生态文明建设领域合作的重点在于防范生态风险，促进长江流域的保护，为全国构筑生态屏障。

上述五个合作领域又互相促进，相辅相成。经济领域的合作是核心，经济合作与发展组织的研究表明，地方政府合作的主要诱因是解决经济可持续发展、区域经济发展失衡、整合资源应对全球化冲击等经济问题。由此可见，区域经济发展是府际合作的主要内容，同时也可以为政治、社会、文化和生态领域的合作提供坚实的物质保障。政治领域的合作是前提，只有摒弃各自为政的碎片化管理，拆除制度的樊篱，才能充分释放市场主体的活力，促进区域经济和文化的繁荣；也只有通过政策协同和制度建设，才能有效弥补市场失灵，为社会稳定运行和区域生态改善提供有力支撑。文化领域的合作是灵魂，区域文化如同隐形生产力，能够凝聚区域力量，形成文化感召力并吸引资源要素的流入，同时也能为经济、政治、社会和生态领域的合作提供精神动力和智力支持。社会领域的合作是依托，它积极回应了社会公众对切身利益的关切，守护民生底线，从而为经济发展、政治稳定、文化繁荣和生态改善提供后盾。生态领域的合作是条件，通过合作可以改善人类经济社会活动对生态环境造成的负面影响，促进人与自然和谐共生，为区域发展提供基本的自然条件。上述五个领域的合作构成相互协调的有机整体，共同服务于区域协调发展这个"一体"。[①]值得注意的是，由于五个子系统的地位不同，在构建指标体系时不能毫无区别地"同等对待"，赋权时权重应有差异。

（二）区域协调发展理论

我国区域发展理论经历了由均衡发展、不均衡发展到协调发展的演变。改革开放前，马克思主义经典作家关于平衡发展的思想在我国区域理论中占支配地位。改革开放后，基于"效率优先"原则，学界提出了以"梯度理论"为代表的区域非均衡发展理论。其后，由于区域差距拉大，为了缓解这一矛盾，区域协调发展理论应运而生。[②]我国区域协调发展思想的最早提出是在20世纪90年代中期，国务院发展研究中心课题组于1994年出版了《中国区域协调发展战略》一书，魏后凯在1995年提出了非均衡协调发展战略，该思想强调适度倾斜和协调发展相结合，其实质是集效率与平等目标于一体的"边增长、边协调"。[③]其后，国内研究者从经济增长趋同（徐现祥、舒元，2005）、经济发展与人民生活水平共同提高（张敦富、覃成林，2001）、公共服务水平均等化（陈耀，2006）等不同视角对区域协调发展的内涵进行了解析。国家发展改革委员会宏观经济研究院指出，区域协调发展包括五项基本内容：一是各地区合理分工、优势互补、共同发展；二是生产要素自由流动，形成统一市场；三是各地居民可支配购买力和公共产品的享用水平差距限制在合理范围内；四是各地区经济技术合作密切，形成团结互助的新型区域经济关系；五是各地区统筹开发国土资源，实现经济增长与人口资源环境和谐

① 杨波，徐川.＂五位一体＂总体布局的思想意蕴 [N].新华日报，2018-6-19-11.

② 夏德孝，张道宏.区域协调发展理论的研究综述 [J].生产力研究，2008（1）：144-147.

③ 夏德孝，张道宏.区域协调发展理论的研究综述 [J].生产力研究，2008（1）：144-147.

发展。①由此可见，区域协调发展实质上是一个综合性概念，是一种经济、社会与生态环境等和谐共生的制度安排，它包含了市场、生态环境空间、资源空间配置、公共基础设施、公共服务、公共政策、法律规制和社会网络等的一体化。②

区域协调发展理论的兴起缘于经济一体化带来的社会经济不平等问题。克鲁格曼（Krugman，1991）的研究表明，在报酬递增的条件下，产业集聚和长期增长依运输成本而呈倒 U 形结构，在全球化过程的中间段，经济会因高度集聚而演化为"核心—周边"格局，产业结构和人均收入的不平衡发展成为经济发展的常态，这将使周边地区在产业份额、就业机会、居民收入和成长机会上长期处于不利地位。由于该状况不利于国家或地区的政治与社会稳定，区域协调发展作为解决现实问题的重要理论工具走向前台。③因此，区域协调发展理论的诞生是基于公平价值的考量，公平是区域协调发展理论的应有之义。当然，区域协调发展理论所强调的公平与效率是辩证统一的。习近平总书记在 2019 年 8 月 26 日中央财经委员会第五次会议上指出，"区域协调发展不能简单要求各地区在经济发展上达到同一水平，而是要发挥各地区比较优势，促进各类要素合理流动和高效集聚，增强创新发展动力。不平衡是普遍的，要在发展中促进相对平衡。"④如何处理好效率与公平的关系是区域协调发展战略的关键之所在。⑤效率价值可以交由市场通过竞争机制来加以实现，而公平价值则主要依靠政府通过制度供给来维护，这是区域协调发展的理论逻辑。⑥这是因为：发达地区与不发达地区之间的"回波效应"通常大于"扩散效应"，市场机制倾向于扩大区域差异。即使在市场机制作用下，核心地区能对边缘地区产生"涓滴效应"，带动边缘区的发展，可能使区域不平等

---

① 国土开发与地区经济研究所课题组. 区域经济发展的几个理论问题 [J]. 宏观经济研究，2003(12)：3-6.

② 刘安国，张越，张英奎. 新经济地理学扩展视角下的区域协调发展理论研究——综述与展望 [J]. 经济问题探索，2014（11）：184-190.

③ 刘安国，张越，张英奎. 新经济地理学扩展视角下的区域协调发展理论研究——综述与展望 [J]. 经济问题探索，2014（11）：184-190.

④ 习近平. 推动形成优势互补高质量发展的区域经济布局 [J]. 共产党员，2020（2）：4-5.

⑤ 钟昌标. 区域协调发展中政府与市场的作用研究 [M]. 北京：北京大学出版社，2016：307.

⑥ 孙晋，钟原. 我国区域协调发展战略的理论逻辑与法治保障——基于政府和市场的二元视角 [J]. 江西社会科学，2019（4）：145-154.

缩小，但仍然需要政府干预。① 政府应该主动采取一些特殊措施来缩小区际差别。

基于区域协调发展理论，城市群内的府际合作不仅要致力于经济、政治、社会、文化和生态环境的和谐发展，更要关注通过各地间的关联互动和正向促进，不断缩小地区差异，实现共同发展。在构建府际合作水平评价指标体系时，必须同时引入公平和效率的双重价值理念，既要考察城市群内地方政府的合作行动在提高区域整体经济、社会和生态效益上产生的实际效果，也要测评府际合作在缩小各地经济发展水平和可支配收入差距、实现基本公共服务均等化等方面产生的实际作用。②

二、政策依据

（一）国民经济和社会发展规划纲要

城市群是我国推进新型城镇化的主体形态，对于增强我国综合国力和提高国际竞争力具有重要现实意义。早在 2011 年，我国国民经济和社会发展"十二五"规划纲要中就指出，"在东部地区打造更具国际竞争力的城市群，在中西部有条件的地区培育壮大若干城市群。科学规划城市群内各城市功能定位和产业布局，缓解特大城市中心城区压力，强化中小城市产业功能，增强小城镇公共服务和居住功能，推进大中小城市基础设施一体化建设和网络化发展。"③ 2016 年"十三五"规划纲要进一步指出，"要优化提升东部地区城市群，培育中西部地区城市群，形成更多支撑区域发展的增长极，建立健全城市群发展协调机制，推动跨区域城市产业分工、基础设施、生态保护、环境治理等协调联动，实现城市群一体化高效发展。"④ 2021 年 3 月发布的"国民经济和社会发展第十四个五年规划和 2035 年远景目标纲要"提出，要推动长江中游城市群协同发展，加快武汉、长株潭都市圈建设，打造全国重要增长极。就深入实施区域协调发展战略的具体路径，规划指出，要"建立健全

① 蔡武.区域经济一体化与协调发展理论研究综述 [J]. 内蒙古财经学院学报，2012（5）：1-7.

② 夏德孝，张道宏.区域协调发展理论的研究综述 [J]. 生产力研究，2008（1）：144-147.

③ 新华社.国民经济和社会发展第十二个五年规划纲要 [Z/OL]. 中央政府门户网站，[2011-03-16]. http://www.gov.cn/2011lh/content_1825838_6.htm.

④ 新华社.中华人民共和国国民经济和社会发展第十三个五年规划纲要 [Z/OL]. 新华网，[2016-03-17]. http://www.xinhuanet.com//politics/2016lh/2016-03/17/c_1118366322.htm.

区域战略统筹、市场一体化发展、区域合作互助、区际利益补偿等机制，更好促进发达地区和欠发达地区、东中西部和东北地区共同发展。提升区域合作层次和水平，支持省际交界地区探索建立统一规划、统一管理、合作共建、利益共享的合作新机制。"①上述一系列国民经济和社会发展规划纲要为长江中游城市群府际合作确定了目标方向，即实现一体化的发展。从本质上看，城市群是一体化过程在城市空间形态上的体现。②"一体化"（Integration）一词来源于拉丁文，原意为"更新"。根据牛津英语词典的解释，一体化包含了将各部分结合成一个整体的意思。这种结合不仅是市场、产业、信息、人才就业、交通设施等经济层面的联合，还包含了空间形态、生态环境、公共服务和政策制度等结合。它要求城市群内的各个城市建立区域化、集团化的全面合作伙伴关系，③形成合力，发挥整体大于部分之和的协同效应。因此，在设计测度指标体系时要重点考虑一体化政策目标的实现程度。

（二）《长江中游城市群发展规划》

2015 年 4 月国务院发布了《长江中游城市群发展规划》，该规划明确了长江中游城市群发展的指导思想、基本原则和战略定位，既为城市群内的府际合作指明了目标与方向，也为评价府际合作水平提供了重要依据。在长江中游城市群发展的指导思想上，《规划》指出："要推动完善开放合作、互利共赢、共建共享的一体化发展机制，走新型城镇化道路，着力推进城乡、产业、基础设施、生态文明、公共服务'五个协同发展'。"在长江中游城市群发展的基本原则上，《规划》提出要统筹推进，重点突破。加强顶层设计，强化规划引领，全面推进城乡建设、基础设施、产业发展、生态文明和公共服务等对接合作，以重点领域和重点区域为突破口，不断深化改革，支持先行先试，探索具有中国特色、中部特点的新型城镇化道路。同时，要坚持生态优先，永续发展的原则。④基于此，在设计指标体系时，需要全面关注地方政府在城

①　新华社 . 中华人民共和国国民经济和社会发展第十四个五年规划和 2035 年远景目标纲要 [Z/OL]. 人民网，[2021-03-13] . http://politics.people.com.cn/n1/2021/0313/c1001-32050444-2.html.

②　赵勇，白永秀 . 区域一体化视角的城市群内涵及其形成机理 [J]. 重庆社会科学，2008（9）：34-38.

③　庞效民 . 区域一体化的理论概念及其发展 [J]. 地理科学进展，1997（2）：39-47.

④　国家发展改革委员会 . 长江中游城市群发展规划 [Z/OL]. 中央政府门户网站，[2015-04-16]. http://www.gov.cn/xinwen/site1/20150416/74781429188142053.pdf.

乡建设一体化、基础设施一体化、产业发展一体化、生态文明和公共服务一体化领域的合作成效，并适当加大生态领域合作指标的权重。

在长江中游城市群战略定位上，《规划》指出，要将该区域打造成为中国经济增长极、中西部新型城镇化先行区、内陆开放合作示范区和"两型"社会建设引领区。在经济增长方面，《规划》提出要加快转变经济发展方式，实施创新驱动发展战略，发展壮大先进制造业，提升现代服务业发展水平，积极培育战略性新兴产业，大力发展现代农业；在两型社会建设上，《规划》强调建立跨区域生态建设和环境保护的联动机制，扩大绿色生态空间，打造具有重要影响力的生态型城市群。[①] 根据《规划》中战略定位的要求，所构建的指标体系要重点关注地方政府在现代农业、先进制造业、现代服务业和战略性新兴产业领域的合作成效，同时还要突出各地在环境保护联动机制建设和加快推进城镇化领域所取得的合作成效。

第二节　构建指标体系的原则

府际合作水平测度指标体系是由一系列用以反映、描述、衡量、监测、评价地方政府区域合作目标、内容、特征及其发展状况的重要指标构成的集合体。构建该指标体系需要遵循以下原则：

一、系统性与层次性相统一

城市群内的各地之间存在着密切的经济社会联系，合作领域涉及经济、政治、社会、文化和生态环境等多个领域，而各个领域又涵盖了不同的内容，若只采用单一维度和单一层次的指标则难以获得全面的评价信息，无法进行准确评价。因此，必须将府际合作视为一个系统性问题，从多个维度来进行综合评价，同时通过指标体系的层次结构来反映府际合作内容的层次性特征，从而构建一个逐层递进、内容完整的指标体系。

---

① 国家发展改革委员会 . 长江中游城市群发展规划 [Z/OL]. 中央政府门户网站，[2015-04-16]. http://www.gov.cn/xinwen/site1/20150416/747814291881420053.pdf.

二、普遍性与特殊性相统一

一方面，国内各个城市群府际合作的性质和内涵具有一致性，这决定了所构建的指标体系应准确表征城市群府际合作的内涵和一般性特征要求，具有典型意义。另一方面，长江中游城市群的地理位置和经济社会发展水平不同于国内其他城市群，在《全国主体功能区规划》和长江经济带发展战略中具有特殊的功能定位，因而所构建的指标体系也应反映出独有的区域特色，体现"情境性"特征。

三、科学性与实用性相统一

构建指标体系时应该采用科学方法，选取具有典型性和代表性的指标，力求通过对每项指标的考察和评估，可以获取关键性的信息反馈，对府际合作发展深化的状态加以客观、真实的反映。此外，所选取的指标应该是具有相对精确概念和明确范围的，且能够通过调查方式得出明确结论的定性或定量指标，难以理解和无法获取资讯的指标不宜被采用。①同时指标数量要适宜，避免因为指标体系过于复杂而影响测度效率、降低测评效度。

四、独立性与相关性相统一

指标体系中的各项指标应该具有相对独立性，有其明确独特的含义，能够反映府际合作中不同的问题或是问题的不同方面，彼此间不存在因果关系和交叉重叠现象，避免因为传递信息重合而重复计分，从而影响评价的科学性。与此同时，各项指标又应该具备内在的关联性，既可以直接反映府际合作的目标，又能够反映府际合作中各子系统及各要素间的相互作用与联系。

第三节 构建指标体系的方法

在指标体系的构建上，本章采用质性研究和定量研究相结合的方法。在理论分析和文献分析的基础上，通过频度统计法形成有一定代表性的衡量城市群府际合作水平的备选指标集，然后运用德尔菲法，对指标进行严格筛选，

---

① 李涛，周锐，苏海龙，张伊娜. 长三角区域经济一体化水平的测度：以关系型大数据为基础 [A]. 2015 中国城市规划年会论文集 [C]，2015.

最后确定指标体系。[①] 主要方法如下：

一、理论分析法

基于"五位一体"总体布局，本章从五个维度构建指标体系。考虑到城市群内府际合作是主权国家内部跨行政区的合作，合作主体均在统一的宪政框架下展开行动，遵循高度统一的政治制度与规则，彼此间的政治合作主要表现为各地在因地制宜执行统一国家意志过程中所进行的地方政策协同以及联合行动，基于政治与行政二分法，将之界定为行政合作更加贴切。因此，本章将目标变量长江中游城市群府际合作水平综合指数分解为经济领域合作水平指数、行政领域合作水平指数、社会建设领域合作水平指数、文化领域合作水平指数和生态环境保护领域合作水平指数五个子系统，选取上述五个因子作为一级变量。然后，结合《国民经济和社会发展第十三个五年规划纲要》和《长江中游城市群发展规划》中提出的具体政策目标，以区域协调发展理论为指导，兼顾公平和效率的双重价值目标来对一级变量进行逐层分解，确定五个因子对应的若干二级变量和三级变量。

二、频度分析法

在确定三级变量对应的观测指标时，本章采用了频度分析法，广泛搜集区域一体化评价、区域协调发展评价、地方政府合作绩效评价、城乡一体化评价和文化发展指数等相关论文，以及政府出台的《绿色发展指标体系》和《生态文明建设考核指标体系》，对上述文献中所涉及的与府际合作相关的指标进行频度统计，从中选取使用频率较高的指标，初步构建备选指标体系。

三、德尔菲法

本章选择了 15 名专家作为咨询对象，就备选指标体系的权威性和代表性进行了两轮调查。专家组成员为政府相关部门工作人员和高校从事府际关系和区域治理研究的学者。根据第一轮的调查结果，将被选比例未达到 50% 的指标予以剔除，再进入第二轮筛选。在进行第二轮筛选时，请专家对保留指

---

① 完世伟. 城乡一体化评价指标体系的构建及应用——以河南省为例 [J]. 经济经纬，2008（4）：60-63.

标的重要性程度按 5 级评分，5 分为非常重要，4 分为比较重要，3 分为一般，2 分为不重要，1 分为非常不重要，然后对专家评分结果进行汇总，剔除均分低于 3 分的指标。经过两轮意见的反馈与集中，最终确定指标体系。

<h2 style="text-align:center">第四节　长江中游城市群府际合作
水平测度指标体系的构成</h2>

一、经济领域合作水平指数

从经济学角度来理解，城市群是经济一体化在特定区域空间的投影。府际合作是市场经济发展到一定阶段的产物，其目的是要消除物质、资金和人员流动的壁垒，降低交易成本，促进商品和要素的自由流动，充分利用市场力量优化资源配置效率，提高区域的整体福利水平。[①] 其水平主要体现在以下几个方面：

（一）市场一体化

市场经济条件下，由于比较利益的存在，产品和生产要素具有向效益最大化区位流动的趋势。然而，受地方保护主义、行政性垄断和歧视性政策等诸多体制因素的影响，统一的市场被加以分割。市场一体化就是要清除地区间产品和要素自由流动的体制障碍，发挥市场机制在资源配置中的决定性作用，提高资源配置效率。它是城市群一体化的必然要求，也是衡量地方政府经济合作水平的重要标尺。市场体系主要包括商品市场和要素市场两大类。基于数据的可获得性，本章选取了反映商品市场一体化程度的重要指标居民消费价格指数，同时重点选取了反映资本与人力资源这两项要素市场一体化程度的指标：信贷规模和户籍人口变动幅度。其中，居民消费价格指数是商品市场一体化程度的直接影射载体，在市场经济条件下，不同地区的市场价格具有一体化的共同趋势，如果市场达到了完全一体化，那么各个地区的商品价格变动会呈现出同步性，各地区间的居民消费价格指数差异越小，表明商品市场的一体化程度越高。信贷规模和户籍人口变动幅度则反映出一个地

---

① 李瑞林，骆华松 . 区域经济一体化：内涵、效应与实现途径 [J]. 经济问题探索，2007（1）：52-57.

区的资本市场与人力资源市场的开放程度，指数值越高，表明要素市场的一体化程度越高。上述三项指标可以较好地反映出城市群内地方政府在促进市场一体化上取得的主要成效。

（二）产业布局一体化

为了提高城市群的竞争力，要求各地从"行政区经济"向经济区经济转变，从合理分工的视角，审视自身比较优势，根据一体化的要求，对城市群内相关产业资源进行整合，大力促进产业融合与协作，[①]构建城市群主导优势产业链，促进产业向集群化方向发展。本章选取区位熵来衡量地方政府在产业布局一体化上的进展情况。区位熵又称专门化率，它由哈盖特（P. Haggett）首先提出。用区位熵指标不仅可以分析区域优势产业的状况，而且还可以反映其发展强度，即其值越大，发展强度越高。[②]该指标比产业结构趋同度更能反映产业布局一体化的成效，因为产业结构趋同度高并不必然意味着恶性竞争，相反，也可能反映出该地区某一产业形成了区域优势。《长江中游城市群发展规划》将该区域定位为现代农业、现代服务业、先进制造业和战略性新兴产业基地，考虑到各城市对以上四种产业没有统一的定义和统计口径，为了增强数据的可比性，本章选取农林牧渔业区位熵、制造业区位熵、第三产业区位熵和高新技术产业区位熵来分别衡量长江中游城市群现代农业、先进制造业、现代服务业和战略性新兴产业的聚集度。

（三）交通设施一体化

交通基础设施是城市群经济一体化的基础。综合立体交通网络可以缩短城市间的时空距离，加速各城市间要素的流动，降低交易成本，密切各地市间的经济联系。长江中游城市群府际合作的一项重要内容是共建互联互通的立体化交通设施网络，推进城市群交通设施的一体化。在陆运网络方面，联手打通各地间的"断头路"，建设以武汉、长沙、南昌为中心的"三角形、放射状"城际交通网络，实现省会城市之间 2 小时通达，省会城市与周边城市之间 1—2 小时通达；加快推进快速铁路建设，建设武汉城市圈、环长株潭城

---

① 刘媛，胡忆东.长江中游城市群产业研究进展及其发展趋势 [J].城市发展研究，2016（10）：21-26.

② 吕典玮，张琦.京津地区区域一体化程度分析 [J].中国人口资源与环境，2010（3）：162-167.

市群等城际轨道交通网络，实现人员流动的公交化。在水运网络方面，深化城市群内主要港口之间的合作，构建功能完善、布局合理、层次分明、紧密协作的长江中游港口群。[①]据此，本章将交通设施一体化进一步分解为公路网建设、铁路网建设、码头设施建设和公共交通互联互通四个三级变量，并选用城市等级道路网密度、城际铁路通达性、港口互补性和城市间公交"一卡通"进度等指标进行观测。

（四）经济增长趋同度

基于区域协调发展理论所倡导的公平价值理念，本章重视城市群内地方政府在开展经济合作时是否处理好了效率与公平的关系，由此引入经济增长趋同度指标，意在衡量各城市间在经济上是否同向增长，彼此间的经济差异是否缩小。根据木桶效应，城市群内的各个城市如同木桶中的一块木板，对于城市群而言，其经济一体化的总体成效取决于木桶上最短木板的长度。如果不加长短板，合作效果就会渗漏，落后城市将难以保持持久的合作热情。本章选择人均 GDP 和 GDP 增长率作为观测指标来衡量经济增长趋同度，由此反映府际合作在缩小城市群内各地经济发展差距和实现区域经济均衡发展上所取得的实效。

二、行政领域合作水平指数

行政领域合作行动与成效既是府际合作水平的直接体现，也对其他领域的合作具有决定性影响。地方政府既是城市群一体化的积极者和推动者，同时也是一体化的最大阻碍力量。当前城市群一体化发展的最大障碍来自碎片化的行政管理体制。在科层制组织体制下，各城市政府分别行使对所辖行政区域内各类公共事务的管理权限，各自有着不同的利益诉求，彼此间缺乏制度化的信息沟通渠道，政策目标和管理手段不统一，容易产生低水平重复建设、"以邻为壑"以及相互争夺市场与资源等现象。只有加大行政领域的合作力度，实现行政一体化，才能扫清城市群一体化发展的体制障碍。行政一体化并非是指合并长江中游城市群内地方政府机构以建立统一的区域政府，而是指城市群内地方政府跨越空间、时间、部门和层级的鸿沟，采取联合行动，

[①] 国家发展改革委员会. 长江中游城市群发展规划 [Z/OL]. 中央政府门户网站，[2015-04-16]. http://www.gov.cn/xinwen/site1/20150416/74781429188142053.pdf.

为区域范围内的市场和社会主体提供无缝隙、整体性的公共产品和服务。行政一体化主要体现在以下几个方面：

（一）沟通机制完备性

沟通交流是城市群内地方政府达成共识和协调行动的必要条件，没有沟通就不可能实现协同。在科层制体制下，信息传递沿垂直的权力指挥链展开，而城市群内的地方政府由于互不隶属，彼此独立，难以实现有效沟通，亟须采用有效的方式来弥补体制缺陷。本章将沟通机制完备性作为考察府际合作水平的一个重要指标。从国内外府际合作实践来看，相关沟通机制主要由三部分构成：一是组建正式的区域合作组织，通过合作组织的日常运作来推动各方的沟通协作；二是召开合作会议，通过定期或不定期的会议促进各方交流与协商；三是搭建统一的信息平台，即通过技术手段畅通沟通渠道，以便各方跨越时空界限及时交流信息。鉴于此，本章选取政府合作机构数量、政府联席会议和发展论坛举办次数和合作信息平台建设情况这三个具体指标来进行评价。

（二）战略定位协调性

战略定位是各城市对于自身未来发展方向、目标及实现路径所做出的全局性、长期性的思考。它为各地经济社会事务的发展指明了方向，对辖区内各类主体的行为起到了指导作用。协调的战略定位可以帮助合作成员统一目标和协调行动。本章主要选取战略规划一体化和城市功能一体化来衡量战略定位的协调性。战略规划是城市群内地方政府就当地产业布局、生产建设、基础设施、资源开发利用、人口与就业、城乡发展和环境治理等做出的综合性决策。协调的战略规划可以帮助各地分工合作、错位发展，共同打造区域优势，避免各地重复建设、恶性竞争和资源浪费。本章主要通过考察城市群内地方政府是否联合制定区域发展总体规划和专项规划，以及各地制定的地方发展规划中是否体现出区域分工合作的指导思想来衡量战略规划的一体化程度。此外，国内研究者指出，城市群是职能结构合理的城市"综合体"。不同于其他城市区域，城市群是一个有机的城市体系。各个城市基于自身优势发挥特有功能，成为城市集群整体功能中不可或缺的一部分，通过彼此协作和互补，共同形成功能完备的集群，实现城市群功能的一体化。以美国波士顿城市群为例，群内各大城市功能定位各有侧重，波士顿是技术与文化中心，纽约是商业和金融中心，费城是制造业中心，巴尔的摩是贸易中心。[①]基于此，本章同时选择城市功能一体化作为评价指标，以此来反映各城市战略定位的协调性程度。

（三）利益协调性

根据公共选择理论，地方政府带有"经济人"特征。作为地方利益的代表者，地方政府要追求地方经济、政治和社会利益的最大化。"府际关系的内涵首先是利益关系，然后才是权力关系、财政关系、公共行政关系，前者决定后三者，后三者是前者的表现，四者并列，以利益为先，才是政府之间关系的真正内涵。"[②]城市群内的府际合作关系也不例外。共同利益是各城市选择合作的基础，合作深度从根本上取决于各方利益的一致性程度。从长远看，选择合作策略，能够形成区域优势，为各地带来独立发展无法获得的机会。但从近期来看，合作需要支付成本，由于各地在产业分工合作链中所处层次以及地理区位等的不同，从经济、社会和生态领域合作中所获得的收益也不尽相同，可能出现收益与成本不对称现象。倘若区域合作带来的总体收益不能在合作成员之间进行合理的分配，少数成员因合作带来的局部利益的阶段性损失不能得到合理的补偿，合作局面将难以维系。因此，完善利益平衡机制是城市群府际合作中需要解决的重点问题。基于此，本章采用了税收收入占地区生产总值比重和财税分享制度的完备性这两个评价指标，可以较好地反映区域合作对地方利益的增进情况以及在平衡地方利益上取得的实际效果。

（四）行政合作效益

效益（Effectiveness）是公共部门绩效评价"4E"原则中不可或缺的重要维度，对地方政府行政领域合作水平的评价必须关注效益，即合作行动的实际产出。本章设计了行政合作协议签署与执行、政务服务一体化两个二级指标来考察行政合作效益。行政合作协议是政府机关基于自愿原则就公共事务的联合治理所缔结的协议，它既是城市群府际合作成果的主要表现形式，也是地方政府推动区域一体化的法制协调机制。[③]当前，长江中游城市群内省级政府及其职能部门、省会城市政府及其职能部门以及各个小圈群内部地方政

---

① 黄征学. 城市群的概念及特征分析 [J]. 区域经济评论，2014（4）：141-146.

② 谢庆奎. 中国政府的府际关系研究 [J]. 北京大学学报（社科版），2000（1）：26-33.

③ 叶必丰. 区域经济一体化的法律治理 [J]. 中国社会科学，2012（8）：107-130.

府及其职能部门之间签署了大量行政协议，行政协议的数量及其落实情况是合作效益的很好表征。政务服务一体化可以突破传统的行政区域界线，以整体方式为区域范围内的企业和公民提供无缝隙服务，不仅可以提高政府服务效率与服务质量，而且能够促进各类资源的流动。本章选择通信邮电车辆收费一体化程度、证件的城市间互认和一体化在线政务服务平台建设指标来观测政务服务一体化程度。

三、社会建设领域合作水平指数

和谐社会建设要求政府以保障和改善民生为重点，缩小基本公共服务在地区和城乡间的差异。习近平总书记指出，区域协调发展的基本要求是实现基本公共服务均等化。《长江中游城市群发展规划》也将城乡建设和公共服务的对接合作列入重点突破领域。基于此，在评价长江中游城市群内地方政府社会建设领域合作水平时，本章聚焦于基本公共服务一体化和城乡一体化。其中，基本公共服务一体化有利于人口资源的合理分布、统一劳动力市场的形成和社会公平的实现，能够进一步发挥城市群的同城效应并促进城市群的均衡发展。城乡一体化则有助于缩小城乡差异，实现城市群内城乡经济社会协调发展。

（一）基本公共服务一体化

城市群基本公共服务一体化是指政府通过一系列供给制度安排，促进人财物等资源在特定空间内合理布局，使得各地间在基本公共服务领域内实现公共资源均衡配置的过程。[1] 基本公共服务是一个包罗万象的政策概念，本章把握矛盾的主要方面，从基本能力保障、基本健康保障和基本生存权保障三个方面进行分解，选取公共教育一体化、公共卫生一体化和社会保障一体化三个最具代表性的指标来加以表征。鉴于基本公共服务一体化的核心内涵是实现基本公共服务均衡发展，为了评估均衡发展程度，本章重点考虑了横向均等，即区域间公共服务水平基本均等，[2] 选择人均公共财政教育支出、每万

---

① 武义青，赵建强. 区域基本公共服务一体化水平测度——以京津冀和长三角地区为例 [J]. 经济与管理，2017（4）：11-16.

② 刘磊，许志行. 基本公共服务"均等化"概念辨析 [J]. 上海行政学院学报，2016（4）：55-62.

人拥有医疗机构床位数和人均社会保障与就业支出作为观测指标。同时，考虑到基本公共服务的一体化程度不仅体现为公共服务水平均衡程度，也表现为公共服务供给制度和供给行为的协同性，[①] 本章增加了基础教育合作交流深度、公共卫生联防联控机制建设成效和社会保障转移对接的便利性三个观测指标。

（二）城乡一体化

城乡一体化是指城市和乡村两类不同特质的经济社会单元在相互依存的环境中谋求融合发展的过程。[②] 我国城乡一体化理论的提出是基于日益突出的二元结构矛盾，城乡一体化不仅有利于加快城市群产业结构的重大调整和产业转移的空间布局，而且能够为城市群发展提供关键性的生产要素，对于城市群的全面、可持续发展有着特殊的意义。本章选取最能反映城乡二元经济社会结构程度的两个关键性"结果指标"，分别是城市化水平和城乡居民收入差异。其中，城市化水平反映了城镇发展对区域人口、空间结构与经济发展的影响，通常用人口城镇化率反映。城乡居民收入差异反映了两者之间收入水平和生活水平的差异，可以用城市居民收入差异系数来表示。

四、文化建设领域合作水平指数

习近平总书记指出，文化兴盛是一个国家和民族强盛的支撑。城市群协调发展同样离不开文化的支撑，文化领域合作是府际合作的灵魂。在后工业时代，城市群也由过去重经济、交通和人口的"经济型城市群"逐渐向重文化、生态和生活品质的"文化型城市群"转化。[③] 文化作为一种深入人脑的观念会潜在地影响人们的价值判断和行为选择。各地间的文化交流与合作对内有助于凝聚区域共识，增进理解与信任，从而降低合作中的交易成本和"道德风险"；对外有助于打造区域名片，形成品牌效应，吸引各类生产要素流入。文化事业一体化也因此成为城市群府际合作的一个重要组成部分。长久以来，学界对"文化"一词的定义存在较大分歧，哲学家、人类学家、社会

---

① 武义青，赵建强．区域基本公共服务一体化水平测度——以京津冀和长三角地区为例 [J]．经济与管理，2017（4）：11-16.

② 洪银兴，陈雯．城市化和城乡一体化 [J]．经济理论与经济管理，2003（4）：5-11.

③ 张书成．基于文化城市群理论的中原文化事业区域协调发展研究 [J]．洛阳师范学院学报，2014（7）：14-18.

学家、心理学家和政治学家等分别从不同的学科视角对其进行了界定。美国著名文化人类学专家克罗伯（A. L. Kroeber）和克拉克洪（D. Kluckhohn）所著《文化：一个概念定义的考评》一书中收集的文化定义多达166种，被划分为描述性定义、历史性定义、规范性定义、心理性定义、结构性定义和遗传性定义六大类。[①] 文化定义的分歧给文化领域合作水平指标的设计增加了难度。根据马克思主义的观点，文化是人类在自我实现的过程中所创造的物质精神财富的过程及结果的一种科学抽象，"培养社会人的一切属性，并尽可能地丰富社会人的属性及社会联系"是文化建设的根本任务和内容。[②] 据此，可将文化定义为受历史制约的人类技能、技术、知识、思想、制度、艺术和情感等的总和。[③] 本章从以下四个维度对文化领域合作水平进行测评：

（一）文化建设均衡性

该指标侧重于从公平视角考察城市群一体化进程中地方政府在实现辖区内公共文化服务均等化上所做出的努力程度。基本公共文化服务均等化水平稳步提高是《国家"十三五"时期文化发展改革规划纲要》提出的首要目标任务。均等化是一个复杂的目标体系，其功能性结构主要由资源供给的均等、发展的均等和结果输出的均等三个部分构成。[④] 根据罗尔斯的正义理论，统筹协调自由、财富和自尊的原则有两条：第一正义原则，即平等自由原则；第二正义原则，即机会均等原则和差别原则，其中平等自由原则优先于机会均等原则和差别原则，而机会均等原则又优先于差别原则。[⑤] 基于此，本章选择了体现平等自由原则的文化设施协调发展指标来观测城市群内居民是否享有大致均等的基本公共文化服务，并通过每百人公共图书馆藏书和宽带普及率来加以表征。此外，本章选择文化事业投入水平来测评地方政府在公共文化资源供给上为社会成员提供机会的均等化程度，观测指标为文化体育与传媒支出占财政支出的比重，表明城市群内地方政府在各自财政支付能力范围内为居民提供的发展机会。

---

① 郭莲. 文化的定义与综述 [J]. 中共中央党校党报，2002（1）：115-118.

② 马克思，恩格斯. 马克思恩格斯全集第30卷 [M]. 北京：人民出版社，1995：389.

③ 王威孚，朱磊. 关于对"文化"定义的综述 [J]. 江淮论坛，2006（2）：190-192.

④ 罗震东，韦江绿，张京祥. 城乡基本公共服务设施均等化发展的界定、特征与途径 [J]. 现代城市研究，2011(7)：7-13.

⑤ 陈海威，田侃. 我国基本公共服务均等化问题探讨 [J]. 中州学刊，2007（3）：31-34.

（二）文化归属与认同

打造共同的区域文化是城市群文化合作的最高目标。区域文化是一个地区的特殊标志，它表现为在独特的自然环境地貌和相对稳定的区域地理空间内，广大民众在长期的生产生活实践中逐渐形成的共同的思维方式、社会文化心理、价值观念、共同语言、文化传统和风俗习惯。[①] 英国文化理论家雷蒙·威廉斯（Raymond Williams）认为，"文化环境决定了人们的社会地位和认同，文化具有传递认同信息的功能。"[②] 区域文化认同是区域共同体中的各个成员界定自我、区别他者，加强彼此同一感以凝聚成拥有共同文化内涵的群体性标志。作为一种肯定的文化价值判断，其核心是对区域基本价值的认同，它为统一区域意识、价值取向和行为模式提供了强大的精神动力，是区域文化合作的最高层次目标。[③] 基于此，本章选择区域文化认同度这一主观性评价指标。

（三）文化服务一体化

文化服务一体化既是长江中游城市群公共服务协同发展的重要内容，同时也是提升区域文化认同度、促进文化事业均衡发展的有效途径。《关于加快构建现代公共文化服务体系的意见》（中办发〔2015〕2号）提出，要积极发展与公共文化服务相关联的体育健身、旅游休闲等产业，增强公共文化服务发展动力。基于此，本章从公共文化服务共建共享、文化旅游资源共享和公共体育服务共享三个层面来测评文化服务一体化程度。其中，公共文化服务共建共享主要考察各地公共文化机构间交流与合作成效，包括组建行业联盟、开展文化服务"一卡通"、文化巡展巡演、联合保护文化遗产等。文化旅游资源共享方面主要观测区域旅游资源整合与联合开发成效。公共体育服务共享重点观察区域全民健身合作交流成效。

（四）文化发展与创新

戈特曼（J.Gottmann）指出，多种要素在空间上的高度集聚必然产生高强度的相互作用，引发各种新思想、新技术的不断涌现，这种创新能力是城市

---

① 习裕军.长三角区域文化的承接与发展 [J].科学发展，2014（1）：88-92.

② 罗建国.欧洲联盟政治概论 [M].成都：四川大学出版社，2001：51.

③ 杨绮瑕，徐明生.提升区域文化认同助推宁镇扬一体化建设 [J].国土与自然资源研究，2019（4）：68-71.

群的生命力所在，是促进城市群壮大的驱动力。① 城市群内府际合作与交流不仅可以推动区域文化市场的繁荣，更好地满足公众日益增长的文化需求；更能激发出创造灵感，碰撞出思想火花，促进文化创新与发展，因此，可将文化发展与创新作为反映府际文化合作水平的有力指标。本章从文化产业协调发展和文化创新成果两个方面对该指标进行分解，分别采用文化产业增加值占 GDP 的比重和每万人专利申请量来加以表征。

五、生态环境保护领域合作水平指数

就长江经济带发展，党的十九大报告明确指出："以共抓大保护、不搞大开发为导向。"2018 年 4 月，习近平总书记在武汉主持召开深入推动长江经济带发展座谈会上发表的重要讲话指出："必须从中华民族长远利益考虑，把修复长江生态环境摆在压倒性位置，共抓大保护、不搞大开发，努力把长江经济带建设成为生态更优美、交通更顺畅、经济更协调、市场更统一、机制更科学的黄金经济带，探索出一条生态优先、绿色发展新路子。"② 长江中游城市群作为长江经济带的重要组成部分，也必须坚持"生态优先、绿色发展"的原则，将生态环境保护作为重点合作领域。而生态环境保护属于典型的区域性公共物品，在城市群这一区域生态系统中，污染物会随着空气与水源的流动而转移和叠加，从而呈现出跨行政区交叉流动性的特征，"外部性"问题尤为突出。因此，它也是城市群府际合作的难点领域。就生态环境保护领域合作水平的测度，本章参考了国家发展和改革委员会颁布的《绿色发展指标体系》，并结合《长江中游城市群发展规划》就该区域两型社会建设所提出的具体要求，从资源利用、环境质量、环境治理和环境保护联动机制建设四个维度对指标进行分解。

（一）资源利用

《长江中游城市群发展规划》将该区域定位为"两型"社会建设的引领区。资源节约和环境友好是"两型"社会的核心内涵，它要求长江中游城市群以技术和管理手段的创新促进资源利用率的提升，将社会经济发展建立在减少

---

① 史育龙，周一星. 戈特曼关于大都市带的学术思想评介 [J]. 经济地理，1996（3）：32-36.

② 习近平. 在深入推动长江经济带发展座谈会上的讲话 [N]. 人民日报，2018-4-26.

资源消耗和环境代价的基础上。^①据此，本章从节能降耗状况和资源循环利用两个方面来考察各地的资源利用情况。其中，节能降耗状况以万元 GDP 能耗降低率来表征。万元 GDP 能耗是指一个地区生产每万元的生产总值所消费的能源总量，它涵盖了所消耗的电力、油品和煤品等资源，是一个代表性强的综合性指标，而万元 GDP 能耗降低率直接反映出地方能源利用方式与效率上发生的转变，万元 GDP 能耗下降表明地方的建耗成本下降，节能减排工作取得成效。不仅如此，该指标还能反映出地方在经济结构调整上取得的成效。因为一般而言，服务业对能源消耗需求相对较少，万元 GDP 能耗下降，说明服务业发展迅速，意味着地方经济结构得到优化，实现了绿色发展。在资源循环利用的测评上，本章选用一般工业固体废弃物综合利用率作为观测指标，该指标为《绿色发展指标体系》中指定的重要监测评价指标。

（二）环境质量

从生态学的角度来看，城市环境质量是由自然环境质量、社会环境质量和经济环境质量构成的复杂巨系统。其中，经济环境质量涉及产业结构、资源配置、经济总量和经济收入等要素，社会环境质量包含人口因素、社会保障和文化文明等因素。^②为了避免指标的重叠交叉，在生态环境保护合作领域，本章只就自然环境质量进行测评，选取了与公众获得感和幸福感高度相关的空气质量状况、水环境质量状况和人居环境质量状况三个三级指标，分别用全年城市空气质量优良天数比例、地表水质达到Ⅲ类的比例和人均公园绿地面积来表示。其中，城市空气质量优良天数比例和地表水质达到Ⅲ类的比例为《国民经济和社会发展第十三个五年规划纲要》确定的资源环境约束性指标。人均公园绿地面积是官方统计文献中用于表征城市绿地建设水平的核心指标之一，代表了最普惠的民生福祉，是评定人居环境质量的关键指标。^③

（三）环境治理

此处的环境治理是指城市群内地方政府为了消除或减缓已经发生的生态

---

① 刘中顼.以科学发展观指导城市建设 [J].湖南城市学院学报，2010（11）：28-32.

② 仲夏.城市生态环境质量评价指标体系 [J].环境保护科学，2002（2）：52-54.

③ 周筱雅，刘志强，王俊帝，洪亘伟.中国建制市人均公园绿地面积的探索性空间数据分析 [J].生态经济，2019（10）：86-93.

破坏和环境污染、改善生态环境而采取的必要治理措施。[①]本章从投入和产出两个方面设计指标体系，投入指标选取了生态环境保护投入力度，以节能环保支出占财政支出的比重来表示，该指标客观地反映出地方政府对环境治理问题的重视程度与付出的努力程度。同时，选用污染物防治效果来度量地方政府在环境治理上取得的实际成效，其观测指标为城市污水集中处理率和工业二氧化硫处理率。其中，工业二氧化硫处理率为《国民经济和社会发展第十三个五年规划纲要》确定的资源环境约束性指标；城市污水集中处理率为《国民经济和社会发展第十三个五年规划纲要》和《中共中央、国务院关于加快推进生态文明建设的意见》中提出的主要监测评价指标。

（四）环境保护联动机制建设

环境资源具有极强的空间外延性，环境问题产生的影响往往超出行政区域边界，这决定了环境治理是一个整体性问题，局部地区无法独立有效地解决。而现实中行政权力的地理性分配形式使得环境资源需求的整体性治理被不同行政区域所割裂，[②]这不仅提高了治理成本，也消解了局部地区所做出的努力。区域环境保护联动机制建设是克服体制弊端、实现协同治理的关键。对此，《长江中游城市群发展规划》提出专门要求，强调要建立跨区域生态建设和环境保护的联动机制。本章根据环保职能履行过程将跨区域环境保护联动机制建设划分为区域环保政策制订与区域环保联合行动两个重要环节。其中，区域环保政策制订选择的观测指标为联合制订生态环境保护规划和环保标准统一性。区域性生态环境保护规划可以统一各方的生态建设指导思想，并为各方提供统一的行动指南。而环保标准的统一能够防止污染物的跨地区转移，达到污染联防联控的目的。区域环保联合行动则用环境监测数据共享和环境污染预警应急联动来加以表征，通过信息共享和共同监督执法活动，可以极大地降低治理成本，达到协同增效之目的。

据此，本章构建了包含5个一级变量、20个二级变量、46个三级变量和54个观测指标的测度指标体系（见表1-2）。

---

① 王丽民，刘永亮. 环境污染治理投资效应评价指标体系的构建 [J]. 统计与决策，2018（3）：38-43.

② 邓小兵. 跨部门与跨区域环境资源行政执法机制的整合与协调 [J]. 甘肃社会科学，2018（2）：182-187.

第五节　长江中游城市群府际合作水平测度指标的权重

权重是表示各评价指标重要性的权数，其高低对评价结果具有直接影响。确定权重的方法较多，大致可概括为以下三大类：第一类是主观赋权法，即根据专家经验判断确定指标权重值，如专家打分法、层次分析法等。该类方法操作简单，但主观性较强。第二类是客观赋权法，即根据数据之间的相关关系计算得出权重值，如熵值法、主成分分析法和变异系数法等。该类方法深度挖掘了指标数据的信息，但可能出现与指标实际重要程度不一致的情况。第三类是主客观组合赋权法，其基本思路是将定性分析和定量分析相结合，力求指标权重更加客观科学。①

本章采用层次分析法这一主观赋权法。层次分析法由美国匹兹堡大学教授萨迪（A.L.Saaty）于 20 世纪提出，它是一种定性分析与定量分析有机结合的系统分析方法。②其核心思想是将复杂的评价体系分层系列化，形成一个递阶的、有序的层次结构模型，然后根据统一标准的矩阵标度，将同层各个指标的相对重要性依据人们对客观现实的判断给予定量表示，建立一个判断矩阵，利用数学方法确定各个指标相对重要性次序的权值。最后通过对所有层次之间的总体排序计算得到最低层指标相对于最高层的权重值。该方法对多因素、多准则、多方案的综合评价相当有效。③本章选用该方法主要基于以下几点原因：第一，设计的指标体系中既有大量定量指标，也有许多定性指标，指标性质和衡量标准存在差异，难以通过一个精确的数学模型计算得出权重值。第二，指标体系包含的变量层次较多，常用的算术均值和几何均值等加总方法很难对各子指标给出适当的权重。④第三，在对城市群府际合作水平进行评价时，不仅需要考虑指标数据间的差异，更要考虑不同指标的重要性，而定性因素和定量因素相结合恰恰是层次分析法的优势所在。第四，层次分

①　李瑾，冯献，郭美荣. 基于元分析的城乡一体化评价体系研究特征分析 [J]. 华中农业大学学报（社会科学版），2016（3）：125-136.

②　熊春林，彭杰，张娟，刘玲辉. 湖南洞庭湖生态经济区县域发展成果评价研究 [J]. 生态经济，2017（5）：106-112.

③　谭跃进. 定量分析方法 [M]. 北京：中国人民大学出版社，2006：139-140.

④　周立群，夏良科. 区域经济一体化的测度与比较：来自京津冀、长三角和珠三角的证据 [J]. 江海学刊，2010（4）：81-87.

析法在强调经验判断重要性的同时，运用定量方法对经验判断进行客观描述，规避了主观两两比较在多层级和多目标决策中可能出现的逻辑推理偏差，增强了指标权重的合理性和科学性。

采用层次分析法构造的层次结构模型一般包括目标层、准则层和方案层三个层次，而本章设计的指标体系从目标变量到观测指标共计五个层次，其中用于表征目标变量的一级变量和二级变量均为综合性指标，不能直接测量，相对于上一层指标的重要性程度也各不相同，需要重点考虑权重问题，而三级变量和观测指标都是细化之后用于反映上一级变量的不可或缺的单一具体指标，其重要性程度相当。因此，本章采用层次分析法来确定与准则层和方案层相对应的一级变量和二级变量的指标权重，对三级变量及其对应的观测指标，则采用算术平均法确定权重。

一、建立层次结构模型

本节根据前文所述指标及其相互间关系，确立由目标变量、一级变量、二级变量、三级变量和观测指标五个递阶层次构成的结构模型。目标变量是城市群府际合作水平综合指数（A）。一级变量为经济领域合作水平指数（B_1）、行政领域合作水平指数（B_2）、社会建设领域合作水平指数（B_3）、文化领域合作水平指数（B_4）和生态环境保护领域合作水平指数（B_5）。二级变量对五个一级变量予以分解，由 20 个因子构成，即经济领域合作水平指数之下的市场一体化（C_1）、产业布局一体化（C_2）、交通设施一体化（C_3）和经济增长趋同度（C_4）；行政领域合作水平指数下的沟通机制完备性（C_5）、战略定位协调性（C_6）、利益协调性（C_7）、行政合作效益（C_8）；社会建设领域合作水平指数下的公共教育一体化（C_9）、公共卫生一体（C_{10}）、城乡一体化（C_{11}）、社会保障一体化（C_{12}）；文化领域合作水平指数下的文化建设均衡性（C_{13}）、文化归属与认同（C_{14}）、文化服务一体化（C_{15}）和文化发展与创新（C_{16}）；生态环境保护领域合作水平指数下的资源利用（C_{17}）、环境质量（C_{18}）、环境治理（C_{19}）和环境保护联动机制建设（C_{20}）。三级变量共 46 个，观察指标 54 个。递阶的层次结构见表 1-2。

二、构造判断矩阵

判断矩阵表示针对上一层次某变量而言，本层次与之有关的各变量之间的相对重要性。[1]假定 B 层中 B_i 与下一层次中因素 $C_1, C_2, \cdots, C_n$ 有联系，则构造的判断矩阵如下：

$$B_i = \begin{bmatrix} C_{11} & C_{12} & \cdots & C_{1n} \\ C_{21} & C_{22} & \cdots & C_{2n} \\ \vdots & \vdots & \ddots & \vdots \\ C_{n1} & C_{n2} & \cdots & C_{nn} \end{bmatrix}$$

该矩阵为 $n \times n$ 方阵，n 为阶数，是 B_i 在低一层级中所支配的元素个数。C_{ij} $(i, j = 1, 2, 3, \cdots, n)$ 是元素 C_i $(i = 1, 2, 3, \cdots, n)$ 对 C_j $(j = 1, 2, 3, \cdots, n)$ 的相对重要性的数值表示。C_{ij} 取值为 1，2，3$\cdots$，9 及它们的倒数，其含义为：

$C_{ij}=1$，表示 C_i 和 C_j 同样重要；

$C_{ij}=2$，表示 C_i 比 C_j 的重要程度介于"同样重要"和"稍微重要"之间；

$C_{ij}=3$，表示 C_i 与 C_j 相比，C_i 比 C_j 稍微重要；

$C_{ij}=4$，表示 C_i 比 C_j 的重要程度介于"稍微重要"和"明显重要"之间；

$C_{ij}=5$，表示 C_i 比 C_j 明显重要；

$C_{ij}=6$，表示 C_i 比 C_j 的重要程度介于"明显重要"和"强烈重要"之间

$C_{ij}=7$，表示 C_i 比 C_j 强烈重要；

$C_{ij}=8$，表示 C_i 比 C_j 的重要程度介于"强烈重要"和"极端重要"之间

$C_{ij}=9$，表示 C_i 比 C_j 极端重要。

构造判断矩阵是层次分析法的关键步骤。本章借助专家咨询方式对一级变量和二级变量各构成因子的相对重要性给出判断，建立判断矩阵。咨询的专家涵盖了长江中游城市群内部三个主体城市群中研究方向为区域合作的高校学者和政府相关部门工作人员，每个圈群选择 20 名专家，共计 60 名。某位专家如果认为 C_1 比 C_2 稍微重要，则 $C_1 : C_2$ 的重要程度比为 3 ∶ 1，矩阵其余位置元素数值产生过程类似，由此构建出判断矩阵。

三、计算指标权重

根据判断矩阵，首先计算出对于上一层次某变量而言本层次与之有关的各元素重要性次序的权重值，这一过程也被称为层次单排序。层次单排序可

---

① 谭跃进 . 定量分析方法 [M]. 北京：中国人民大学出版社，2006：143.

归结为计算判断矩阵的特征根和特征向量问题，并采用与最大特征根相对应的特征向量作为权向量。即对判断矩阵 B，计算满足 $BW=\lambda_{max}W$ 的特征根与特征向量。其中，λ_{max} 为 B 的最大特征根；W 为对应于 λ_{max} 的正规化特征向量；W 的分量 W_i 即是相应变量排序的权值。[①]

四、进行一致性检验

当矩阵阶数大于 2 时，为了检验矩阵的一致性，计算判断矩阵的随机一致性比例 CR。将求得的 i 个判断矩阵的 λ max 代入到 CI=(λ max -n)/(n-1) 中，得出一致性检验指标 CI 的数值，再根据平均随机一致性的指标 RI 数值表查出 RI 的值，最后用 $CR=CI/RI$ 得出相对一致性指标 CR 的数值。当 $CR \leq 0.10$，判断矩阵满足一致性，所求得的权重合理。[②] 否则对判断矩阵进行调整，按以上步骤重新计算权重值。

按照上述方法，计算得出一级变量和二级变量的层次单排序权重值、CR、λ max、CI 和 RI 值如下表 1-1。各个元素的一致性比率均小于 0.1 的临界值，说明构建的判断矩阵具有满意的一致性。表中的权重值反映了各个指标对上一层次变量的影响程度，权重值越高，影响力越强。

表 1-1　变量权重与 CR、λ max、CI 和 RI 值表

上层次变量	本层次变量	权重	CR	CI	namdaMAX	RI
A	B_1	0.4185	0.0152	0.017	5.0681	1.12
	B_2	0.1599				
	B_3	0.0973				
	B_4	0.0618				
	B_5	0.2625				

---

① 谭跃进．定量分析方法 [M]．北京：中国人民大学出版社，2006：144.
② 周立群，夏良科．区域经济一体化的测度与比较：来自京津冀、长三角和珠三角的证据 [J]．江海学刊，2010（4）：81-87.

上层次变量	本层次变量	权重	CR	CI	namdaMAX	RI
B₁	C_1	0.4768	0.022	0.0198	4.0593	0.9
	C_2	0.2696				
	C_3	0.1740				
	C_4	0.0795				
B₂	C_5	0.1409	0.0038	0.0035	4.0104	0.9
	C_6	0.4554				
	C_7	0.1409				
	C_8	0.2628				
B₃	C_9	0.2857	0	0	4	0.9
	C_{10}	0.2857				
	C_{11}	0.1429				
	C_{12}	0.2857				
B₄	C_{13}	0.1248	0.0179	0.0161	4.0484	0.9
	C_{14}	0.3056				
	C_{15}	0.4918				
	C_{16}	0.0778				
B₅	C_{17}	0.1601	0.0115	0.0103	4.031	0.9
	C_{18}	0.0954				
	C_{19}	0.2772				
	C_{20}	0.4673				

　　利用上述方法计算得出的权重是同一层次中所有层次单排序的结果，然后，按照层次结构自上而下逐层与所对应的上层元素权值进行加权，即计算出各元素相对于总体评价目标的合成权重值。层级 S 中某一元素 S_k 对于总评价目标 A 的合成权重值通过下列公式计算得到：

$$w(S_k) = \left(\sum_{i=1}^{n} w_i \left(\sum_{j=1}^{m_i} w_{ij} \right) \right) (i, j = 1, 2, 3, \cdots, n) \qquad 式1\text{-}1$$

由此，构建出完整的长江中游城市群府际合作水平测度指标体系（见表1-2）。

表1-2　长江中游城市群府际合作水平测度指标体系及各评价因子的权重

一级变量		二级变量		三级变量		选用指标	
权重	内容	权重	内容	权重	内容	权重	内容
0.4185	经济领域合作水平指数 B_1	0.1995	市场一体化 C_1	0.0998	要素市场一体化 D_1	0.0499	户籍人口变动幅度 E_1
						0.0499	信贷规模 E_2
				0.0998	产品市场一体化 D_2	0.0998	居民消费价格指数 E_3
		0.1128	产业布局一体化 C_2	0.0282	现代农业聚集度 D_3	0.0282	农林牧渔业区位熵 E_4
				0.0282	先进制造业聚集度 D_4	0.0282	制造业区位熵 E_5
				0.0282	现代服务业聚集度 D_5	0.0282	第三产业区位熵 E_6
				0.0282	战略性新兴产业聚集度 D_6	0.0282	高新技术产业区位熵 E_7
		0.0728	交通设施一体化 C_3	0.0182	公路网建设 D_7	0.0182	城市等级道路网密度 E_8
				0.0182	铁路网建设 D_8	0.0182	城际铁路通达性 E_9[主观]
				0.0182	码头设施建设 D_9	0.0182	港口互补性 E_{10}[主观]
				0.0182	公共交通互联互通 D_{10}	0.0182	城市间公交"一卡通"进度 E_{11}[主观]
		0.0333	经济增长趋同度 C_4	0.0166	经济规模 D_{11}	0.0166	人均 GDP E_{12}
				0.0166	经济增速 D_{12}	0.0166	GDP 增长率 E_{13}

续表

一级变量		二级变量		三级变量		选用指标	
权重	内容	权重	内容	权重	内容	权重	内容
0.1599	行政领域合作水平指数 B_2	0.0225	沟通机制完备性 C_5	0.0075	政府合作组织 D_{13}	0.0075	政府合作机构数量 E_{14}
				0.0075	政府合作会议频率 D_{14}	0.0075	政府联席会议和发展论坛举办次数 E_{15}
				0.0075	政府合作信息 D_{15}	0.0075	合作信息平台建设水平 E_{16} [主观]
		0.0728	战略定位协调性 C_6	0.0364	政府战略规划一体化 D_{16}	0.0364	发展规划协调性 E_{17} [主观]
				0.0364	城市功能一体化 D_{17}	0.0364	城市功能布局对接指数 E_{18} [主观]
		0.0225	利益协调性 C_7	0.0113	税负一致性 D_{18}	0.0113	税收收入占地区生产总值比重 E_{19}
				0.0113	合作成本分摊与收益分配 D_{19}	0.0113	财税分享制度的完备性 E_{20}
		0.0420	行政合作效益 C_8	0.0210	行政合作协议签署与执行 D_{20}	0.0105	行政合作协议数量 E_{21}
						0.0105	行政合作协议落实情况 E_{22} [主观]
				0.0210	政务服务一体化 D_{21}	0.0070	通信邮电车辆收费一体化程度 E_{23} [主观]
						0.0070	证件的城市间互认 E_{24} [主观]
						0.0070	一体化在线政务服务平台建设 E_{25} [主观]

续表

一级变量		二级变量		三级变量		选用指标	
权重	内容	权重	内容	权重	内容	权重	内容
0.0973	社会建设领域合作水平指数 B_3	0.0278	公共教育一体化 C_9	0.0139	教育事业均衡发展 D_{22}	0.0139	人均公共财政教育支出 E_{26}
				0.0139	教育资源共享 D_{23}	0.0139	基础教育合作交流深度 E_{27}[主观]
		0.0278	公共卫生一体化 C_{10}	0.0139	基本医疗服务均衡发展 D_{24}	0.0139	每万人拥有医疗机构床位数 E_{28}
				0.0139	公共卫生事业协作 D_{25}	0.0139	公共卫生联防联控机制建设成效 E_{29}[主观]
		0.0139	城乡一体化 C_{11}	0.0070	城市化水平 D_{26}	0.0070	人口城镇化率 E_{30}
				0.0070	城乡居民收入差异 D_{27}	0.0070	城乡居民收入差异系数 E_{31}
		0.0278	社会保障一体化 C_{12}	0.0139	社会保障事业均衡发展 D_{28}	0.0139	人均社会保障与就业支出 E_{32}
				0.0139	社会保障转移对接 D_{29}	0.0139	社会保障转移对接的便利性 E_{33}[主观]

续表

一级变量		二级变量		三级变量		选用指标	
权重	内容	权重	内容	权重	内容	权重	内容
0.0618	文化领域合作水平指数 B_4	0.0077	文化建设均衡性 C_{13}	0.0039	文化事业投入水平 D_{30}	0.0039	文化体育与传媒支出占财政支出的比重 E_{34}
				0.0039	文化设施协调发展 D_{31}	0.0019	每百人公共图书馆藏书 E_{35}
						0.0019	宽带普及率 E_{36}
		0.0189	文化归属与认同 C_{14}	0.0189	区域文化打造 D_{32}	0.0189	区域文化认同度 E_{37}[主观]
		0.0304	文化服务一体化 C_{15}	0.0101	公共文化服务共建共享 D_{33}	0.0101	公共文化机构交流与合作成效 E_{38}[主观]
				0.0101	文化旅游资源共享 D_{34}	0.0101	区域旅游资源整合与联合开发成效 E_{39}[主观]
				0.0101	公共体育服务共享 D_{35}	0.0101	区域全民健身合作交流成效 E_{40}[主观]
		0.0048	文化发展与创新 C_{16}	0.0024	文化产业协调发展 D_{36}	0.0024	文化产业增加值占 GDP 的比重 E_{41}
				0.0024	文化创新成果 D_{37}	0.0024	每万人专利申请量 E_{42}

续表

一级变量		二级变量		三级变量		选用指标	
权重	内容	权重	内容	权重	内容	权重	内容
0.2625	生态环境保护领域合作水平指数 B_5	0.0420	资源利用 C_{17}	0.0210	节能降耗状况 D_{38}	0.0210	万元 GDP 能耗降幅 E_{43}
				0.0210	资源循环利用 D_{39}	0.0210	工业固体废弃物综合利用率 E_{44}
		0.0250	环境质量 C_{18}	0.0083	空气质量 D_{40}	0.0083	全年城市空气质量优良天数比例 E_{45}
				0.0083	水环境质量 D_{41}	0.0083	地表水质达到Ⅲ类的比例 E_{46}
				0.0083	人居环境质量 D_{42}	0.0083	人均公园绿地面积 E_{47}
		0.0728	环境治理 C_{19}	0.0364	生态环境保护投入力度 D_{43}	0.0364	节能环保支出占财政支出的比重 E_{48}
				0.0364	污染物防治效果 D_{44}	0.0182	污水集中处理率 E_{49}
						0.0182	工业二氧化硫处理率 E_{50}
		0.1227	环境保护联动机制建设 C_{20}	0.0613	区域环保政策制订 D_{45}	0.0307	联合制订生态环境保护规划 E_{51}[主观]
						0.0307	环保标准统一性 E_{52}[主观]
				0.0613	区域环保联合行动 D_{46}	0.0307	环境监测数据共享 E_{53}[主观]
						0.0307	环境污染预警应急联动 E_{54}[主观]

第二章　长江中游城市群府际
合作水平的测度与分析

开展定量测度有助于准确掌握长江中游城市群府际合作进程，便于及时总结经验并发现问题，为相关政策调整提供客观依据。本章基于已构建的长江中游城市群府际合作水平测度指标体系，通过文献调查和问卷调查获取数据资料，对长江中游城市群的三大核心城市群——武汉城市圈、环长株潭城市群和环鄱阳湖城市群的府际合作水平进行定量测度，从中把握该区域府际合作水平的总体发展趋势与特征。

第一节　样本的选取

本章选择样本的依据是《长江中游城市群发展规划》（2015—2020）。该规划明确指出，长江中游城市群共包括31个城市，分别是湖北省武汉市、黄石市、鄂州市、黄冈市、孝感市、咸宁市、仙桃市、潜江市、天门市、襄阳市、宜昌市、荆州市、荆门市；湖南省长沙市、株洲市、湘潭市、岳阳市、益阳市、常德市、衡阳市、娄底市；江西省南昌市、九江市、景德镇市、鹰潭市、新余市、宜春市、萍乡市、上饶市及抚州市、吉安市的部分县（区）。① 本章选择核心区域作为样本。长江中游城市群是以武汉城市圈、环长株潭城市群和环鄱阳湖城市群为主体的特大型城市群。三大主体区域内的城市间合作起步早，合作水平高，属于城市群的核心区域，按规划新加入的襄阳市、宜昌市、荆州市、荆门市等城市属于外围区，府际合作刚刚起步，尚未深度

---

① 国家发展改革委员会.长江中游城市群发展规划 [Z/OL].中央政府门户网站，[2015-04-16]. http://www.gov.cn/xinwen/site1/20150416/74781429188142053.pdf.

融入区域一体化发展过程中。因此，本章选择三大主体区域进行测度，更能提高测度的准确性。三大主体区域的构成如下：

一、武汉城市圈

武汉城市圈包括武汉市、黄石市、鄂州市、黄冈市、孝感市、咸宁市、仙桃市、潜江市、天门市。武汉城市圈的概念最早出现在 2002 年 6 月湖北省党代会报告中。在 2005 年"中部崛起"10 号文中，该城市圈被列为中部四大城市圈之首，由此上升到国家规划层面。2007 年 12 月，武汉城市圈正式获批"全国资源节约型和环境友好型社会建设综合配套改革试验区"（简称"两型社会"）。圈内九市围绕"基础设施、产业布局、区域市场、城乡统筹、环境保护与生态建设"五个一体化展开合作。2019 年该区域常住人口 3189.94 万人，占湖北省常住人口数量的 53.82%，地区生产总值为 27681.50 亿元，占湖北省经济总量的 60.40%。

二、环长株潭城市群

环长株潭城市群包括长沙市、株洲市、湘潭市、岳阳市、益阳市、常德市、衡阳市、娄底市。1997 年湖南省委、省政府做出长株潭"3+5"城市群一体化的战略决策。2006 年，该城市群被国家列为促进中部崛起重点发展城市群。2007 年，长株潭三市被纳入国家老工业基地，享受东北老工业基地振兴的政策延伸。同年与武汉城市圈一同被国家批准为全国两型社会建设综合配套改革试验区。2019 年，该区域常住人口为 4250.99 万，占湖南省人口的 61.44%，地区生产总值为 31045.30 亿元，占全省的比重为 78.10%。

三、环鄱阳湖城市群

环鄱阳湖城市群包括南昌市、九江市、景德镇市、鹰潭市、新余市、宜春市、萍乡市、上饶市、抚州市、吉安市。2007 年环鄱阳湖城市群概念被写入江西省党代会文件。2009 年 12 月 12 日《鄱阳湖生态经济区规划》获批，该区域上升为国家战略。按照《长江中游城市群发展规划》，抚州市和吉安市只有部分县（区）划入城市群，但由于无法将划入的部分与两市其余县（区）的数据进行剥离，本章以其所属的地级市进行统计处理，可以兼顾指标数据的完整性、统一性和可比性。2019 年该区域常住人口 3795.33 万人，占江西省常住人口数量的 81.34%，地区生产总值为 21283.20 亿元，占江西省 GDP 的 85.97%。

关于测度时段的选择，本章选取了 2007—2017 年。选择 2007 年作为起点主要是因为国家中部崛起战略于 2006 年发布，在中央政策的驱动下长江中游城市群的府际合作自 2007 年起迈入一个新阶段，同年该区域两个城市群被批准为"两型社会"建设综合配套改革试验区，上升为国家战略。而 2017 年度是目前能够获取完整统计数据的最近年度。

第二节　数据来源

一、客观指标数据来源

指标体系当中经济、文化和社会建设领域合作水平指数下所有客观指标的原始数据，以及行政、生态环境保护领域合作水平指数下绝大多数客观指标的原始数据来自 2008—2018 年度《中国城市统计年鉴》《湖北统计年鉴》《湖南统计年鉴》《江西统计年鉴》以及各城市统计年鉴。此外，行政领域合作水平指数下的部分客观指标数据来自 2008—2018 年度《武汉城市圈年鉴》《长株潭试验区年鉴》和各城市年鉴的大事记部分，生态环境保护领域合作水平指数下部分客观指标数据来自 2007—2017 年度湖北、湖南、江西和各城市环境状况公报。对于缺失数据采用 EM 算法补齐。

二、主观指标数据来源

主观指标的原始数据通过问卷调查获得，针对相关指标设计了包含 28 个问题的问卷，请调查对象对相关指标的表现分年度评分，评分范围为：1—5 分，1 分表示情况很差，2 分表示情况较差，3 分表示情况一般，4 分表示情况较好，5 分表示情况很好。由于本次调查问题专业性较强，调查对象主要面向政府工作人员和高校及科研院所研究人员，采取滚雪球抽样调查方式，以课题组成员身边符合要求的熟人为起点，然后由这些人再提供调查对象。[①]
通过纸质问卷和电子邮件发送方式，向长江中游城市群内三个城市群各发放
了 100 份问卷，共计 300 份，返回有效问卷 264 份（样本对象基本信息见表
2-1）。对于某个城市群某项主观指标的得分，通过计算所有调查对象打分的
算术平均数得出。

表 2-1　样本对象的基本信息

基本特征	特征分类	样本频数	样本频率（%）
年龄	20-30 岁	47	17.80
	31-40 岁	81	30.68
	41-50 岁	86	32.58
	50 岁以上	50	18.94
性别	男	148	56.06
	女	116	43.94
受教育程度	本科及以下	97	36.74
	硕士研究生	74	28.03
	博士研究生	93	35.23
职业	高校、科研院所研究人员	116	43.94
	公务员	129	48.86
	其他事业单位工作人员	19	7.20
所在城市群	武汉城市圈	95	35.98
	环长株潭城市群	89	33.71
	环鄱阳湖城市群	80	30.31

[①]　赵小燕. 我国公共决策的正义性测度研究 [D]. 华中科技大学博士学位论文，2017：82.

第三节 数据处理方法与综合评价模型

鉴于指标体系中各个观测指标的数量单位存在较大差异，需要对之进行无量纲化处理，并最终得到一个可比较的量值。常用的无量纲化方法主要有中心化法、均值法和极值法。其中，中心化法在多变量综合分析中使用较多，但它要求原始的指标评价数据呈正态分布。均值法在消除量纲和数量级影响的同时，保留了变量变异程度信息，主要适用于客观指标数据。因为本书设计的指标体系中含有一定数量主观指标，不应保留变量的取值差异信息，且目前缺乏理论支持评价指标体系中的指标值均服从正态分布，所以本章采用极值法对主客观指标进行处理，转化后的数据都在 0-1 的区间范围，消除了量纲差异。之后再采用线性量化值加权函数法对综合评价结果进行计算。

一、数据处理方法

（一）客观指标数据处理方法

对于客观指标而言，以 x_{ijw} 代表第 i 个城市圈第 j 年在 w 指标上的标准差，并以此作为初级指标，对其进行无量纲化处理后得到 μ_{ijw}。由于 w 指标的标准差涉及 3 个城市圈（群）的 11 个年度，因此 w 指标有 33 个样本观测值。无量纲化处理的目的是将 w 指标的标准差归到 0—1 之间。处理方法是：

$$\mu_{ijw} = \begin{cases} 0, x_{ijw} = x_{ijw}^{max} \\ \dfrac{x_{ijw}^{max} - x_{ijw}}{x_{ijw}^{max} - x_{ijw}^{min}}, x_{ijw}^{min} < x_{ijw} < x_{ijw}^{max} \\ 1, x_{ijw} = x_{ijw}^{min} \end{cases} \quad （式 2-1）$$

其中，x_{ijw}^{max} 代表 w 指标标准差的 33 个样本观测值中的最大值，x_{ijw}^{min} 代表 w 指标标准差的 33 个样本观测值中的最小值。由于标准差越大代表各个城市差异化程度越大，城市群一体化发展水平越低，因此通过该处理方式既能够将 w 指标标准差归于 0—1 之间，还能够得到 μ_{ijw} 越大，该城市圈（群）一体化差异程度越小，府际合作水平越高的结论。

（二）主观指标数据处理方法

对于主观指标而言，以 y_{ijw} 代表第 i 个城市圈第 j 年在 w 指标上的数值，由于主观指标按城市群为单位进行调查，故无须计算标准差。以 y_{ijw} 作为初级指标，对其进行无量纲化处理后得到 v_{ijw}。由于 w 指标涉及 3 个城市群的 11 个年度，因此 w 指标有 33 个样本观测值。处理方法如下：

$$v_{ijw} = \begin{cases} 1, y_{ijw} = y_{ijw}^{max} \\ \dfrac{y_{ijw} - y_{ijw}^{min}}{y_{ijw}^{max} - y_{ijw}^{min}}, y_{ijw}^{min} < y_{ijw} < y_{ijw}^{max} \quad （式\ 2\text{-}2） \\ 0, y_{ijw} = y_{ijw}^{min} \end{cases}$$

其中，y_{ijw}^{max} 代表 w 指标的 33 个样本观测值中的最大值，y_{ijw}^{min} 代表 w 指标的 33 个样本观测值中的最小值。由于 w 指标越大代表合作水平越高，因此通过该处理方式既能够将 w 指标归于 0—1 之间，还能够得到指标越大，v_{ijw} 越大的结论。

二、综合评价模型

府际合作水平测度指标体系由一组既相互联系又彼此独立，并能被量化的指标因子构成，各个指标因子的有序集成可以反映出府际合作进展程度和深度。按照评价目的，本章在对数据进行无量纲化处理之后，采用线性量化值加权函数的方法计算综合评价结果，其计算公式如下：

∑某城市群在某维度上合作水平得分 = ∑单项指标得分 × 指标权重值（式 2-3）

∑某城市群府际合作水平综合评价值 = ∑单项维度得分 × 维度权重值（式 2-4）

通过上述方法计算出来的综合评价值全面反映了长江中游城市群中三个主体城市群府际合作的水平，其值越高，说明该区域的府际合作水平越高。

第四节　长江中游城市群府际合作水平的比较分析

经过上述数据处理，可以得到长江中游城市群内三个城市群府际合作水平综合指数以及经济、行政、社会、文化和环保五个领域合作水平指数。具体结果见表2-2、2-3、2-4、2-5、2-6、2-7。

一、三个主体城市群府际合作水平的总体比较

表2-2　长江中游城市群府际合作水平总体比较（2007—2017）

年份	武汉城市圈	增长率（%）	环长株潭城市群	增长率（%）	环鄱阳湖城市群	增长率（%）	长江中游城市群	增长率（%）
2007	0.4400	-	0.4775	-	0.3849	-	0.4342	-
2008	0.4350	-1.13	0.4683	-1.93	0.3429	-10.91	0.4154	-4.31
2009	0.4943	13.61	0.5338	13.97	0.3402	-0.78	0.4561	9.79
2010	0.4742	-4.07	0.5236	-1.91	0.3667	7.78	0.4548	0.28
2011	0.5340	12.62	0.6036	15.28	0.4094	11.65	0.5157	13.38
2012	0.6031	12.93	0.6118	1.35	0.4163	1.69	0.5437	5.44
2013	0.6241	3.48	0.6186	1.11	0.4507	8.25	0.5644	3.81
2014	0.6499	4.13	0.6466	4.53	0.4939	9.60	0.5968	5.73
2015	0.6776	4.26	0.6921	7.03	0.5241	6.11	0.6313	5.77
2016	0.7090	4.63	0.7030	1.57	0.5630	7.42	0.6583	4.29
2017	0.6903	-2.63	0.7211	2.57	0.5725	1.70	0.6613	0.46
均值	0.5756	4.79	0.6000	4.36	0.4422	4.25	0.5393	4.41

注：此表得分为1分制，乘以100可转换为百分制。

表 2-2 表明：从总体上看，尽管长江中游城市群内部三个城市群的府际合作水平在演进过程中略有波动，但总体呈上升趋势。三个城市群各年度的总体均值从 2007 年 0.4342 增加到 2017 年的 0.6613，平均增速为 4.41%，这表明，长江中游城市群府际合作的总体水平在逐步提升。2007 至 2017 年以来，环长株潭城市群府际合作水平平均得分略高于武汉城市圈，但差距不大。2013 年是一个拐点，此前环长株潭城市群的得分一直略高于武汉城市圈，但自 2013 开始，两者的位次不再固定。尽管环鄱阳湖城市群府际合作水平得分以 4.25% 的平均速度增长，但与环长株潭城市群和武汉城市圈还存在一定的差距。

三个城市群府际合作水平的差异是多种因素共同作用的结果。首先，合作时间的长短影响府际合作水平。从合作起步时间上看，三个城市群存在差异。平均得分最高的环长株潭城市群府际合作时间也最长，早在 1997 年湖南省委省政府就提出了长株潭一体化的战略，它是中部最早上升为区域发展战略的城市群；[①] 武汉城市圈一体化战略的提出始于 2002 年，环鄱阳湖城市群区域一体化战略提出时间最晚，为 2007 年。由于时间积累不同，各个城市群在合作交流中建立起的相互信任程度也存在差异，府际合作水平的排名和合作时间长短呈现出一致性。其次，发展资源的多寡影响府际合作水平。目前排名靠前的环长株潭城市群和武汉城市圈在发展过程中获取的国家级战略支持相对较多，而环鄱阳湖城市群较少。再次，合作模式的差异影响府际合作水平。从合作模式上看，三个城市群也各不相同。其中，环长株潭城市群是典型的上级政府主导模式，省政府通过编制长株潭城市群规划、设立长株潭一体化办公室、召集一体化工作会议、出台一系列两型社会建设标准和相关法规等多种手段，大力推进城市群的交通同网、能源同体、信息同享、生态同建与环境同治。武汉城市圈属于典型的大行政单位主导模式，[②] 中心城市武汉与其他合作成员实力悬殊，合作进程与深度取决于中心城市的获益程度及独自承担合作成本的意愿与能力。而环鄱阳湖城市群属于互利模式，内部成员发展水平差异小，呈现出多中心的特点，城市群府际合作通过昌九（南昌、

[①] 李雪松，孙博文．长江中游城市群区域一体化的测度与比较 [J]．长江流域资源与环境，2013（8）：996-1003.

[②] 杨龙．地方政府合作的动力、过程与机制 [J]．中国行政管理，2008（7）：96-99.

九江）、昌抚（南昌、抚州）、赣西（新余、宜春、萍乡）、赣东北（上饶、景德镇、鹰潭）等小圈群的合作来展开。在此种模式下，合作方受益程度也相对均衡，这有利于维持各方的合作热情与意愿，使合作稳步推进。

二、三个主体城市群经济领域府际合作水平比较分析

表2-3 长江中游城市群经济领域府际合作水平比较（2007—2017）

年份	武汉城市圈	增长率（%）	环长株潭城市群	增长率（%）	环鄱阳湖城市群	增长率（%）	长江中游城市群	增长率（%）
2007	0.2451	-	0.2308	-	0.2261	-	0.2340	-
2008	0.2225	-9.25	0.2058	-10.84	0.1807	-20.06	0.2030	-13.25
2009	0.2252	1.24	0.2141	4.00	0.1806	-0.03	0.2067	1.80
2010	0.1602	-28.88	0.2006	-6.29	0.1789	-1.01	0.1799	-12.96
2011	0.1988	24.13	0.2587	28.96	0.2172	21.46	0.2249	25.04
2012	0.2499	25.69	0.2395	-7.42	0.2158	-0.65	0.2351	4.52
2013	0.2555	2.23	0.2274	-5.06	0.2087	-3.31	0.2305	-1.94
2014	0.2608	2.08	0.2450	7.75	0.2211	5.93	0.2423	5.11
2015	0.2647	1.49	0.2645	7.96	0.1825	-17.44	0.2372	-2.09
2016	0.2783	5.13	0.2625	-0.75	0.2239	22.69	0.2549	7.45
2017	0.2594	-6.78	0.2881	9.75	0.2135	-4.65	0.2537	-0.48
均值	0.2382	1.71	0.2397	2.81	0.2045	0.29	0.2275	1.32

经济一体化是城市群府际合作的核心，它为其他领域合作奠定了物质基础。由表2-3可以看出，在经济领域，环长株潭城市群和武汉城市圈合作水平排名交替上升，呈现出你追我赶的态势，这也反映出两大城市群希望借助合作互补提高区域经济竞争力的愿望强烈。此外，由于经济领域合作受到国际、国内经济大环境以及市场主体等多种因素的影响，合作水平波动相对较大。从下图2-1可以看出，武汉城市圈经济领域合作水平呈现出明显的阶段性，经历了由合作之初的快速下降到2011年之后迅速提升的转变，这一变化

趋势与该区域内部特征密不可分。武汉城市圈合作成员数量多，各地经济发展水平差异较大，武汉市"一枝独秀"，在合作初期凭借先发优势吸引了大量生产要素的流入，与周边地区的差距进一步拉大，这在一定程度上背离了府际合作的初衷即推进区域经济一体化，影响了合作成效，合作水平难以提升。但从 2011 年开始，伴随着武汉市经济辐射能力的增强，对圈内周边城市的扩散效应逐步显现。近年来，武汉与孝感、黄冈、咸宁、潜江等市在汽车、光电子、医药、化工和纺织等产业上开始了有序流动与转移，在武汉市产业的带动辐射下，周边各市现代物流、金融和房地产等服务业发展迅速。[1] 城市圈集团发展的优势有所体现，经济领域合作水平得到显著提升。

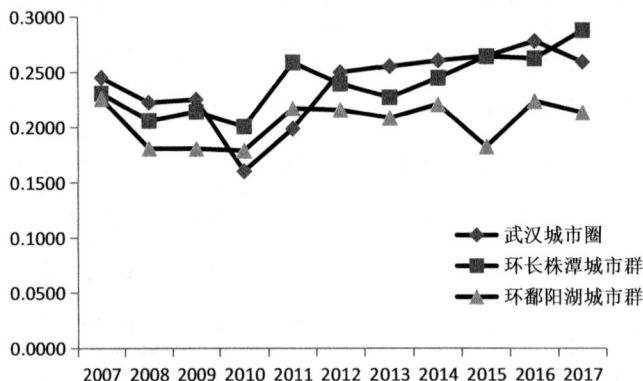

图 2-1　三个城市群经济领域合作水平发展演变图

从城市群经济一体化各项工作的推进情况来看，三大城市群各有特色。武汉城市圈在交通设施一体化方面成效显著。2011 年，城市圈高速公路里程达到 2138 公里，武汉与周边八市一小时交通圈形成。截至 2016 年 12 月，圈内武汉经鄂州至黄石、武汉至咸宁、武汉至黄冈、武汉至孝感四条城际铁路已开通运营。一体化交通网络的形成加速了城市圈内各类生产要素的流动，促进了区域经济一体化的发展。在产业一体化上，环长株潭城市群抱团发展，凭借国家自主创新示范区和"宽带中国"长株潭示范城市群等平台，促进了创新式发展，高新技术产业增加值占地区 GDP 的比重由 2007 年的 11% 上升

① 　廖志慧等.武汉城市圈"两型"建设：自加压力树立发展新航标 [N]. 湖北日报，2013-7-19.

至 2017 年的 25%，产业集群的优势初步形成。相对于武汉城市圈与环长株潭城市群而言，环鄱阳湖城市群在市场一体化、产业布局一体化和交通设施一体化等方面没有呈现出比较优势，因而在经济领域府际合作水平相对较低。

三、三个主体城市群行政领域府际合作水平比较分析

表 2-4　长江中游城市群行政领域府际合作水平比较（2007—2017）

年份	武汉城市圈	增长率（%）	环长株潭城市群	增长率（%）	环鄱阳湖城市群	增长率（%）	长江中游城市群	增长率（%）
2007	0.0499	-	0.0573	-	0.0488	-	0.0520	-
2008	0.0516	3.48	0.0602	5.04	0.0497	1.83	0.0538	3.54
2009	0.0796	54.16	0.0885	46.91	0.0494	-0.51	0.0725	34.64
2010	0.0865	8.72	0.1030	16.48	0.0519	5.11	0.0805	11.05
2011	0.0825	-4.64	0.1063	3.16	0.0486	-6.37	0.0791	-1.68
2012	0.0973	17.97	0.1071	0.78	0.0772	58.81	0.0939	18.64
2013	0.0956	-1.81	0.1154	7.73	0.0775	0.32	0.0962	2.41
2014	0.1118	16.93	0.1294	12.08	0.0893	15.27	0.1101	14.54
2015	0.1135	1.54	0.1388	7.32	0.0973	8.90	0.1165	5.79
2016	0.1170	3.14	0.1446	4.17	0.0996	2.38	0.1204	3.34
2017	0.1170	0.00	0.1427	-1.34	0.1013	1.76	0.1204	-0.05
均值	0.0911	9.95	0.1085	10.23	0.0719	8.75	0.0905	9.22

行政一体化是城市群府际合作的前提，为全方位合作提供了体制和机制保障。从表 2-4 可以看出，2007 年以来，长江中游城市群内的三大主体城市群行政一体化成效较为显著，平均增速达到 9.22%。环长株潭城市群得分最高，武汉城市圈次之，环鄱阳湖城市群排名最后。环长株潭城市群政府合作机制相对完善，早在 2006 年就建立了各城市党政领导以及部门联席会议制度，近年来设立了市长论坛，签署了《区域合作框架协议》和工业、科技、环保、人社等多个领域的专项合作协议，并搭建起"绿网"这一信息沟通平台。特

别是居民身份证异地受理、通信邮电车辆收费一体化、通关一体化等政务服务一体化工作推进较快。2007年，长株潭三市实现跨市办理居民身份证；2009年长株潭三市电话号码区号统一，2010年路桥车辆通行费实行年票互通，长沙流动人口不需返回户籍就可拿到生育证明；2014年"长株潭"通关一体化改革试点启动，城市群内政策认同度较高。武汉城市圈依托政府部门负责人联席会议制度推进一体化工作，部门联席会议一般一年一次，由各个城市轮流举办，就合作重点事项进行磋商并签署专项行政合作协议。自联席会议机制启动以后，所签署的行政合作协议已覆盖到教育、城建、交通、科技、旅游、人才、经信、农业、食药监、环保、规划、行政法制等各个领域，合作协议成为主要合作机制。虽然合作协议在推进府际合作中发挥了重要作用，但落实力度还有待进一步加强。以通信一体化为例，早在2010年，武汉、黄石、鄂州、孝感、咸宁四市"1+4"并网试点工作正式启动，2014年漫游费取消，直至2019年才实现武汉和鄂州两市的区号统一。环鄱阳湖城市群概念提出后的较长一段时期内，该区域的地方政府主要通过协调会议和合作协议来谋求共同发展，直至2013年才建立起制度化的协商机制。昌九和昌抚地区通过市长区域合作决策咨询和协商会商议合作重点事项，同时通过部门对接会来落实合作事项。赣东北地区于2014年正式建立联席会议工作机制。赣西地区2014年建立区域合作会议制度，定期召开会议，就基础设施互联互通、产业发展协同互补、公共服务共建共享加强沟通。但是，由于制度化协商机制建立时间晚，再加上多中心的格局不利于形成规模效应，致使行政领域的合作水平受到一定影响，落后于其他两大城市群。三个城市群行政领域府际合作水平的发展演变趋势见图2-2。

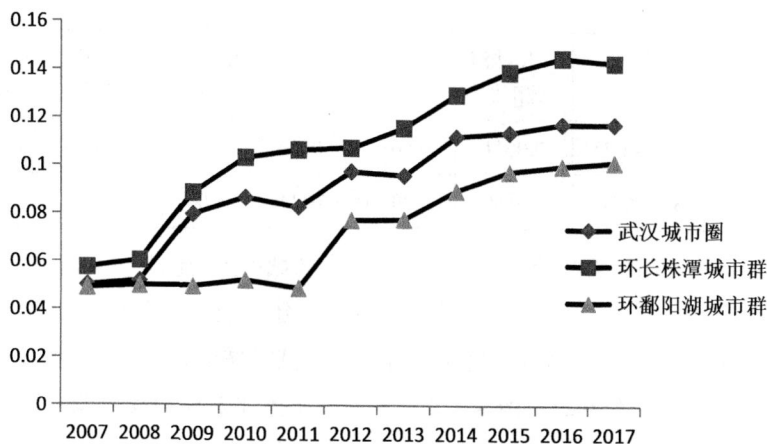

图 2-2 三个城市群行政领域合作水平发展演变图

四、三个主体城市群社会建设领域府际合作水平比较分析

表 2-5 长江中游城市群社会建设领域府际合作水平比较（2007—2017）

年份	武汉城市圈	增长率（%）	环长株潭城市群	增长率（%）	环鄱阳湖城市群	增长率（%）	长江中游城市群	增长率（%）
2007	0.0378	-	0.0353	-	0.0353	-	0.0362	-
2008	0.0395	4.47	0.0395	11.87	0.0370	4.66	0.0387	6.94
2009	0.0495	25.10	0.0429	8.70	0.0341	-7.76	0.0422	9.04
2010	0.0648	30.96	0.0437	1.92	0.0394	15.63	0.0493	16.97
2011	0.0647	-0.19	0.0455	4.03	0.0393	-0.42	0.0498	0.99
2012	0.0676	4.63	0.0450	-1.14	0.0350	-11.00	0.0492	-1.23
2013	0.0666	-1.48	0.0503	11.80	0.0401	14.66	0.0523	6.39
2014	0.0678	1.80	0.0530	5.28	0.0419	4.60	0.0542	3.63
2015	0.0736	8.45	0.0612	15.55	0.0490	16.88	0.0613	12.93
2016	0.0730	-0.84	0.0608	-0.69	0.0503	2.67	0.0613	0.14

年份	武 汉城市圈	增长率（%）	环长株潭城市群	增长率（%）	环鄱阳湖城市群	增长率（%）	长江中游城市群	增长率（%）
2017	0.0691	-5.25	0.0611	0.56	0.0506	0.68	0.0603	-1.71
均值	0.0613	6.76	0.0489	5.79	0.0411	4.06	0.0504	5.41

社会建设领域府际合作有助于促进一个区域民生的改善，是区域协调发展的基石和后盾。从表2-5可以看出，在社会建设领域，武汉城市圈府际合作成效最为显著，其得分和增速均居于首位。武汉城市圈由一个副省级城市、五个地级市和三个县级市构成。由于经济发展水平和财政支出能力的差异，各市公共教育、医疗、社会保障服务水平和城乡一体化水平悬殊，其社会建设一体化的难度大、任务重。在此种背景之下，武汉城市圈能保持6.76%的平均增速实属不易，这与中心城市武汉市的大力投入密不可分。在教育领域，2005年3月之前，武汉市教育局与圈内八个城市分别签订合作协议，明确与各地通过学校结对、师资培训、教育科研与高等教育合作和相互开放实习基地等形式开展合作与交流；2009年武汉市七个中心城区又分别与圈内八个市所辖的一个县（市、区）签署了基础教育对口交流合作协议，促进教育资源共享，推进基础教育均衡发展。在医疗卫生领域，2009年武汉三级医疗机构与其他八市医疗卫生机构开展"双向转诊和院际会诊"协作，建立一对一的对口协作机制；[①] 同年城市圈建立突发公共卫生应急指挥系统；2010年城市圈城乡结对共享社区卫生资源的公共卫生服务合作进一步深化。在社会保障领域，2010武汉城市圈农村居民健康"一卡通"启动；2015年武汉市与省内所有城市实现公积金异地互贷。在城乡统筹建设方面，2014年武汉市对大别山实验区等贫困地区启动实施精准扶贫。环长株潭城市群依托省部共建"长株潭城市群教育综合改革国家试验区"这一抓手，探索教育资源共享、城乡统筹、区域联动的均衡协调发展机制。该区域社会保障一体化的突破口是2010年的公积金互通，但此后进展缓慢，直至2019年才推进人社"一卡通"，全面实现异地就医即时结算和社保关系即时转移。环鄱阳湖城市群社会建设领

---

① 吴清. 推进重点领域和关键环节改革 加快建设全国"两型"社会典型示范区 [J]. 中国经济导刊，2012（7）：23-26.

域合作成效集中体现在 2014 年以来的社会保障一体化上，小圈群内医保双向就医、异地就医即时结算和工伤保险、养老保险互认互取工作推进较好。但总体而言，环鄱阳湖城市群在社会建设领域府际合作的进度以及具体措施的力度上仍落后于其他两个城市群。三个城市群社会建设领域府际合作水平的发展演变趋势见图 2-3。

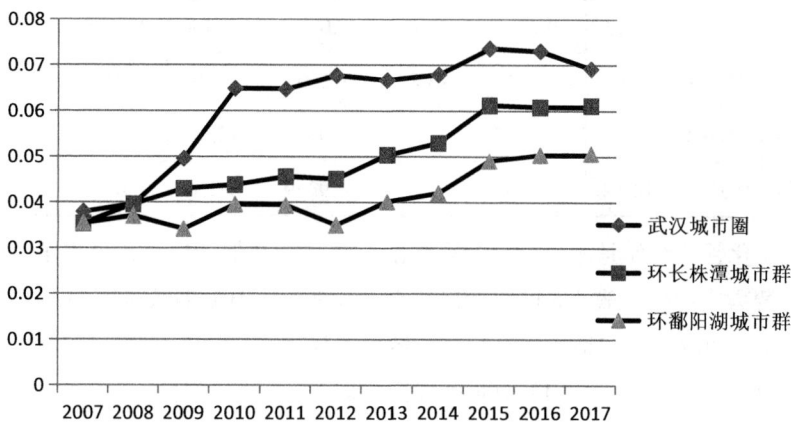

图2-3　三个城市群社会建设领域合作水平发展演变图

五、三个主体城市群文化领域府际合作水平比较分析

表2-6　长江中游城市群文化领域府际合作水平比较（2007—2017）

年份	武汉城市圈	增长率（%）	环长株潭城市群	增长率（%）	环鄱阳湖城市群	增长率（%）	长江中游城市群	增长率（%）
2007	0.0151	-	0.0255	-	0.0140	-	0.0182	-
2008	0.0255	69.13	0.0289	13.37	0.0150	6.86	0.0231	27.12
2009	0.0280	9.63	0.0411	42.28	0.0179	19.52	0.0290	25.35
2010	0.0273	-2.40	0.0436	6.14	0.0174	-2.44	0.0294	1.63
2011	0.0271	-0.61	0.0423	-3.00	0.0172	-1.67	0.0289	-2.00
2012	0.0345	27.26	0.0443	4.74	0.0209	22.02	0.0333	15.22

年份	武汉城市圈	增长率（%）	环长株潭城市群	增长率（%）	环鄱阳湖城市群	增长率（%）	长江中游城市群	增长率（%）
2013	0.0343	-0.69	0.0477	7.70	0.0341	62.85	0.0387	16.36
2014	0.0340	-0.79	0.0505	5.90	0.0343	0.74	0.0396	2.41
2015	0.0429	26.13	0.0530	4.95	0.0378	10.08	0.0446	12.50
2016	0.0483	12.62	0.0510	-3.83	0.0394	4.29	0.0462	3.74
2017	0.0488	0.97	0.0505	-0.91	0.0372	-5.62	0.0455	-1.59
均值	0.0333	14.12	0.0435	7.73	0.0259	11.66	0.0342	10.07

文化领域合作是城市群府际合作的灵魂，为其他领域合作提供了精神动力与智力支持。从表 2-6 可以看出，在文化领域，环长株潭城市群的府际合作水平一直处于领先地位，这与其区域发展战略定位密不可分。《长株潭城市群区域规划（2008-2020）》中明确提出要将其核心区域打造成为科技文化中心。湖南省文化产业发展"十三五"规划中也明确指出，将长株潭地区建设成为区域性文化创意中心、东亚文化之都和世界媒体艺术之都。[①] 文化领域由此成为环长株潭府际合作的重点领域。除区域规划引导外，环长株潭城市群文化合作体现出多元主体共同参与的特征：城市群内的地方政府签署了文化交流与合作框架协议，就合作目标与内容形成共识；举办文化企业恳谈会，建设文化项目招商库，充分发挥市场主体作用；利用各类文化联展和联谊赛事广泛调动起市民的参与热情。此外，环长株潭城市群十分注重区域文化的打造，早在 2009 年就发布了长株潭"两型"试验区标志，以此提升区域文化认同感。武汉城市圈文化领域合作推进迅速，主要通过组建联盟和举办文化联展与联谊赛事等方式来推进文化资源共建共享。如自 2009 年以来，武汉城市圈先后组建了图书馆联盟、广播电视联盟、演艺联盟和旅游联盟。此外，书画联展、桥牌赛等联谊活动连续举办，促进了圈内的文化交流。而环鄱阳湖城市群文化领域合作起步相对较晚，内部各个小圈群根据各自文化资源优势展开资源整合联合行动，如赣西地区以旅游资源联合开发与共享为突破口，

① 王毅，廖卓娴. 湖南文化创意产业园区发展分析与建设路径 [J]. 经济地理，2019（1）：215-223.

通过签署区域旅游框架协议和共同开发景区来整合区域旅游资源，合力打造区域旅游产业优势；昌抚地区加强文化戏剧艺术交流，举办各类会展，共同拓展演艺市场。三个主体城市群文化领域府际合作水平的发展演变趋势见下图2-4。

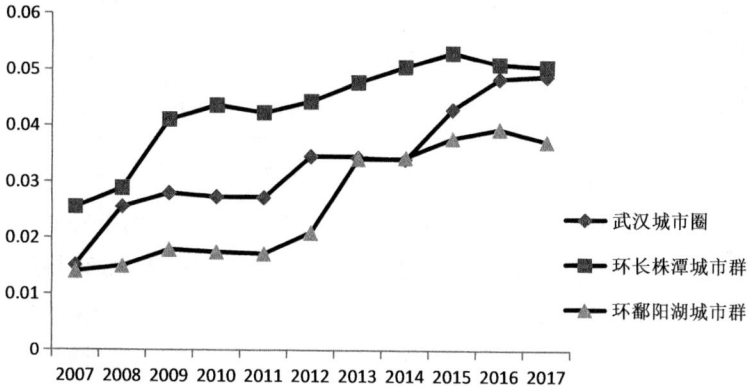

图2-4 三个城市群文化领域合作水平发展演变图

六、三个主体城市群生态环境保护领域府际合作水平比较分析

表2-7 长江中游城市群生态环境保护领域府际合作水平比较（2007—2017）

年份	武 汉城市圈	增长率（%）	环长株潭城市群	增长率（%）	环鄱阳湖城市群	增长率（%）	长江中游城市群	增长率（%）
2007	0.0921	-	0.1286	-	0.0607	-	0.0938	-
2008	0.0959	4.15	0.1340	4.15	0.0606	-0.22	0.0968	3.21
2009	0.1120	16.82	0.1473	9.94	0.0582	-4.00	0.1058	9.31
2010	0.1354	20.85	0.1326	-9.93	0.0790	35.86	0.1157	9.32
2011	0.1609	18.83	0.1508	13.72	0.0871	10.24	0.1329	14.92
2012	0.1536	-4.49	0.1759	16.59	0.0674	-22.67	0.1323	-0.49
2013	0.1721	12.01	0.1778	1.09	0.0903	34.12	0.1467	10.93
2014	0.1755	1.96	0.1688	-5.07	0.1073	18.76	0.1505	2.57

年份	武汉城市圈	增长率（%）	环长株潭城市群	增长率（%）	环鄱阳湖城市群	增长率（%）	长江中游城市群	增长率（%）
2015	0.1829	4.25	0.1746	3.43	0.1575	46.83	0.1717	14.06
2016	0.1924	5.16	0.1841	5.47	0.1497	-4.94	0.1754	2.17
2017	0.1960	1.86	0.1787	-2.96	0.1699	13.43	0.1815	3.47
均值	0.1517	8.14	0.1594	3.64	0.0989	12.74	0.1366	6.95

长江中游城市群江河湖泊汇聚，在全国生态格局中占有重要地位，被国家战略赋予探索绿色发展、创建生态文明及保障生态安全的重要使命。生态环境保护一体化既是府际合作的重点内容，也是实现区域健康可持续发展的前提条件。从表2-7可以看出，近年来，武汉城市圈的合作成效较为显著，而环鄱阳湖城市群的合作水平相对欠佳。以2017年为例，武汉城市圈得分为0.1960分，环鄱阳湖城市得分为0.1699分。从平均增长速度来看，环鄱阳湖城市群最快，而环长株潭城市群最慢，这体现出三个城市群对生态环境保护一体化工作的重视程度与投入力度不同，以及在治理成效上存在差异。具体而言，武汉城市圈生态环境保护合作的亮点是区域规划先行、重点领域突破和体制机制保障。2009年湖北省政府发布《武汉城市圈生态环境保护规划》。随后《武汉城市圈"两型"社会建设综合配套改革试验行动方案（2014—2015年）》又将循环经济、水生态环境和大气污染防治区域协作三项内容一同纳入八个重点领域。武汉城市圈发布环保合作宣言后，将合作重点放在外部效应强的大气污染治理和水污染治理上，建立了区域预警的大气污染联防联控机制和跨区域水生态修复和保护机制。基于生态环境治理的公共物品属性，地方政府作为理性"经济人"，具有"搭便车"的强烈动机，因此在化解这一集体行动困境中，上级政府制定的监督考核机制和区域成员成本共担机制发挥了关键性作用。2010年武汉城市圈内地方政府探索了水污染联合治理的成本共担机制，由流域沿线共同出资，设立专项资金，在潶水河全流域开展截污治污工作。2015年湖北省政府与圈内各地签订了大气污染防治目标责任书，加强大气污染防治工作责任考核。虽然环长株潭城市群和环鄱阳湖城市群通过进一步加强大气污染联防联控机制建设，在减少重污染天气上取得了一定

的成效，但是成绩不如武汉城市圈显著。图2-5为三个主体城市群生态环境保护领域府际合作水平的发展演变趋势图。

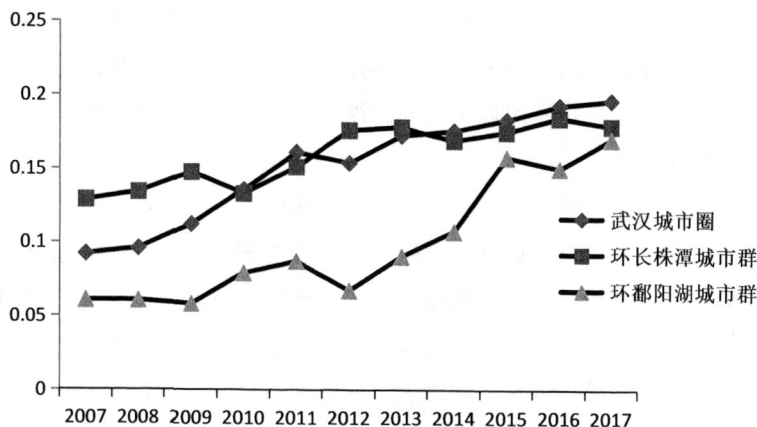

图2-5　三个城市群生态环保领域合作水平发展演变图

第五节　主要结论与政策建议

一、主要结论

第一，长江中游城市群内三个主体城市群府际合作的整体水平在不断提升，但不同区域之间差异明显。长江中游城市群府际合作水平的年平均增长率为4.41%，整体发展态势较好。同时，三大主体城市群的府际合作水平存在差异。2007至2012年间环长株潭城市群府际合作水平一直高于武汉城市圈，排在首位，但2013年以来，两者不相伯仲，排名交替上升。环鄱阳湖城市群总体得分和平均增速均落后于武汉城市圈和环长株潭城市群，与两者的差距有进一步拉大的趋势，这不利于整个长江中游城市群一体化工作的推进。环鄱阳湖城市群府际合作水平较低的原因有多个方面，除合作起步晚、国家战略支持少、中心城市主导力不足等因素外，区域协调机制不健全是制约合作向纵深发展的重要原因。目前该区域的府际合作主要依靠各地自发的合作会议与合作协议来展开，形式较为单一，在行政合作协议约束力有限的现实状况下，合作难以深化。

第二，区域内中心城市的影响力对于推进府际合作起到至关重要的作用。与环鄱阳湖城市群的中心城市南昌相比，作为另外两大城市群中心城市的武汉和长沙无论是在资源数量，还是在辐射能力和动员能力上均胜一筹，能够在促进府际合作方面发挥良好的示范作用，并更好地引领其他地方政府开展府际合作。因此，环长株潭城市群和武汉城市圈在府际合作的整体水平上高于环鄱阳湖城市群。

第三，在成员规模不大的城市群府际合作中，上级政府主导模式有一定的优势。上级政府带有权威性，其做出的合作安排对城市群内的地方政府具有约束力；同时由于合作成员数量少，上级政府可以及时发现地方"阳奉阴违"的行为并及时加以纠正，这对合作成员形成了有力的威慑，降低了违背合作协议的道德风险。如环长株潭城市群内的成员政府数量相对较少，湖南省政府层面的规划引导和立法保障能够更有效地发挥作用，府际合作的整体水平也较高。再如，在武汉城市圈生态环境保护领域的府际合作方面，湖北省政府发挥了强有力的主导作用，因而该领域的府际合作水平在三大主体城市群中居于首位。

第四，共同受益是府际合作可持续发展的重要前提。城市群内府际合作的内在动因是地方利益最大化的诉求。在武汉城市圈这一中心城市主导的合作模式中，中心城市武汉凭借其先发优势吸引大量生产要素流入，在合作中获得收益更多，致使其他合作成员积极性减弱。但与此同时，在经济领域受益较多的武汉市也为促进区域社会建设一体化承担了大量的合作成本，使得圈内其他城市在民生领域共同受益，并让周边城市在承接产业转移过程中获得经济利益，由此维持了各方的合作热情。

第五，经济、行政、社会、文化与生态领域的合作相互促进、相辅相成。环长株潭城市群注重区域文化的打造，在文化领域合作成效显著，这增强了区域的凝聚力和认同度，促进了其他领域合作，使其整体合作水平维持在较高的位置。在武汉城市圈，较高的社会建设和生态环境保护领域合作水平抵消了区域经济空间分布极化效应带来的不利影响，保持了合作组织内部的平衡，使得府际合作水平得以提升。

二、政策建议

（一）发挥上级政府的规划指导与监督约束作用

从当前长江中游城市群三大主体城市群府际合作的实践来看，运用较多的合作机制主要有两种：一种是政府联席会议，另一种是签署合作协议。这两种机制都是依靠平等协商来协调行动并化解冲突，无法回避以下两个突出的问题：一是局部利益与整体利益的冲突。合作成员所达成的共识可以增进包括个体利益在内的区域总体利益，但是将其置于更大的区域范围和整个国家中加以考虑时，则可能出现区域局部利益与国家整体利益的冲突。二是权威性和约束力的缺失。联席会议不具备独立的行政主体资格，没有法定的管辖权力，执行力较差，合作协议对缔约方的约束力也比较有限。平等协商可以较好地解决合作方利益一致的问题，但当各方存在利益冲突时，就会陷入"议而不决"或"决而不行"的尴尬局面。因此需要上级政府的介入，充分发挥引导和监督作用。上级政府可以通过区域规划引导府际合作方向，把握城市群在国家战略中的具体定位，化解局部利益和整体利益的矛盾；同时，对合作主体执行区域发展规划和完成合作目标情况进行考核，发现违约者适时加以诫勉或处罚，促使合作落到实处。

（二）建立合理的成本分担与收益分享机制

长江中游城市群内的地方政府相互独立、互不隶属，其合作行动可被理解为基于地方利益而产生的行政管辖权的让渡活动。[①] 权力让渡背后的实质是利益的交换，地方政府自愿放弃对本地公共事务的独立安排权，是为了换取区域优势为之带来的更多发展机会，提自身竞争力，从而获取更多以经济利益为核心的地方利益。合作中要重点解决好合作成本分担与收益分配问题，让成员因为采取合作行动而遭受的利益损失得合理的补偿，同时让所有成员共享合作带来的收益，从而保持较强的合作意愿。具体而言，一是要建立城市群内产业转移税收分成制度，让企业迁出地的利益损失得到合理补偿，清除城市群产业布局一体化的障碍。二是设立城市群发展基金，由各个成员根据受益多少按一定比例拿出一部分资金，专门用于城市群内落后地区的基础设施建设与民生问题的改善，防止区域合作成效发生渗漏。三是建立合理的

---

① 杨龙，彭彦强 . 理解中国地方政府合作——行政管辖权让渡的视角 [J]. 政治学研究，2009（4）：61-66.

成本分担机制。府际合作的成本包括达成合作共识与协议的交易成本和提供区域性公共物品与服务的治理成本两部分，对于交易成本可以采用简单的平均分摊原则，而治理成本则按"谁受益、谁负担"原则，根据收益量的多少来进行成本的分摊。①

（三）经济、行政、社会、文化和生态领域的府际合作协同推进

经济、行政、社会、文化和生态五个领域的合作互相促进，相辅相成。其中，经济领域合作是核心，为其他领域合作提供物质基础；行政领域合作是前提，为其他领域合作扫清制度樊篱；文化领域合作是灵魂，为其他领域合作提供精神动力；社会领域合作是依托，为其他领域合作提供后盾；生态领域合作是条件，为其他领域合作提供良好的生态环境。府际合作是一种全面合作，五者不可偏废，需要协同推进，方能取得显著成效。城市群内地方政府在开展合作过程中，需要建立市场一体化、产业布局一体化、基础设施互联互通、城市功能对接、基本公共服务均等化、文化资源共建共享和污染防控的联动机制，打破行政壁垒，统一政策标准，摒弃地方保护主义，建立开放的市场体系，促进商品和各类生产要素的自由流通。在合作资源有限的情况下，可以选择从区域协调发展的某个重点领域或最迫切的现实问题进行突破，分阶段性地加以推进。

（四）发挥中心城市在城市群协同发展中的辐射带动作用

国外理论研究表明，在中心城市主导的都市圈内，各方的合作动机更为强烈，小城市为了降低服务成本、增加规模效应，会积极争取与中心城市合作。②长江中游城市群内三个主体城市群的合作实践也表明，中心城市在促进城市群合作方面发挥了重要作用。但从整个长江中游城市群来看，目前无论是武汉、长沙或是南昌，其各自的资源和人口承载能力都不足以使其成为整个区域的核心。可行的策略是先做大做强三个主体城市群内的中心城市，形成"武汉—长株潭—昌九"多中心的格局，发挥多个中心的集聚和辐射带动作用，推动长江中游城市群协同发展。

---

① 王玉明．城市群府际环境合作：影响变量与形成逻辑 [J]．湖北经济学院学报，2019（2）：46-56.

② 饶常林．地方政府合作的影响因素分析 [J]．新视野，2014（5）：60-64.

（五）从府际合作走向府际治理

城市群协调发展涉及地方政府、工商企业、社会组织和社会公众等多类主体的利益，并且需要从五个领域共同推进。面对如此复杂的问题，单一治理主体模式已无法应对，需要恰当模糊公私部门的界限，调动城市群内一切潜在的积极因素，形成合力，以高度灵活和自主的合作治理来促进区域共同利益最大化。多元主体参与的府际治理能够包容多样性利益需求，通过协商平衡各方的利益，从而将区域整体利益与个体利益捆绑在一起，增强合作行动的自觉性；同时，府际治理也能够在协商过程中反馈各方存在的与区域协调发展目标相背离的一切问题，促进各方自省并调整行动策略。但府际治理并不等于将政府、企业、社会组织和公众等相关主体简单地汇聚在一起，它需要完善非政府主体参与的机制，将他们纳入区域政策制订、执行、监督和合作绩效考评的全过程。

第三章　长江中游城市群与长三角、京津冀城市群府际合作比较分析

　　长江三角洲城市群、京津冀城市群和长江中游城市群同属国家"十三五"和"十四五"规划纲要中提出的国家级重点建设城市群，在我国区域发展战略中占有重要地位。且三者均为跨省域城市群，府际合作中涉及的纵向层级和横向成员数目较多，面临复杂程度高、协调难度大的共同问题。当前，长江三角洲城市群和京津冀城市群位列国内影响力最大、发展速度最快的三大城市群，已成为我国参与国际经济竞争与合作的主要平台，有成熟的经验可供借鉴。将三者进行对比研究，有助于认清府际合作的本质与客观规律，同时也有助于发现长江中游城市群存在的问题与差距。

第一节　三大城市群府际合作的历史演进

一、长江中游城市群府际合作的历程

　　长江中游地区的府际合作始于 20 世纪 80 年代中期，迄今已有 30 多年的历史，大致经历了三个阶段。

　　（一）武汉经济协作区空间概念下的府际合作（1987 年—2005 年）

　　20 世纪 80 年代中期，为了突破行政区划对经济发展的桎梏，长江流域地区开始组建区域性经济协作组织。1985 年，在武汉、岳阳和黄石等城市的倡议下，"武汉经济协作区"筹组工作启动。1987 年 5 月 23 日经济协作区在

岳阳成立。^①武汉经济协作区以武汉为中心，横跨湘、鄂、赣、豫四省，2005年其成员发展到 31 个城市，成为我国中部地区最大的经济合作组织。

武汉经济协作区的合作机制由市长专员联席会、干事会和工作网络等构成。其中，市长联席会议是区域内合作事项的最高协调和决策机构。大约每两年举行一次。在 1987 年至 2005 年期间，共召开了 11 次市长联席会议。武汉经济协作区干事会为协作区常设组织协调机构，由各城市经济技术协作部门负责人组成，负责贯彻落实市长联席会决议精神，组织、推动区域内横向经济联合工作，督促、检查协作规则及有关政策的贯彻落实。此外，还设有工作网络，包括区域内各地市党政机关、行政事业单位、社会团体等对口建立起来的横向联合组织，其主要工作职责与任务是研究政策、传递信息、拟订规划，协调指导本部门、本行业、本单位从事区域性的横向经济联合。

这一阶段，通过市长联席会议，该区域确定了《新世纪实现联合发展新跨越的指导意见》《武汉经济协作区章程》和《协作区互惠原则》等总体性的行动纲领和合作规则，同时也就区域市场、基础设施、资源联合开发、跨地区资产重组、共同组建企业集团和旅游合作等事项达成了合作共识。但这一时期的合作是由地方自下而上主动发起的合作，由于缺少来自中央层面的政策支持，合作领域较为有限，以经济合作为主，合作深度不够。

（二）国家中部崛起战略驱动下的府际合作（2006 年—2010 年）

2006 年 4 月，党中央、国务院下发了《关于促进中部地区崛起的若干意见》，中部崛起战略全面启动。在中部崛起战略的推动下，中部六个省区的合作由此步入新阶段。该阶段的府际合作带有中央政府主导特征，中央制定了专门的《促进中部地区崛起规划》，并成立了专门的机构来推动区域合作。2007 年 4 月国家促进中部地区崛起工作办公室在国务院正式挂牌，该机构专门负责制定中部地区发展战略、规划和政策措施，并促进中部地区崛起有关工作的协调和落实。^②国家商务部、税务总局、工商总局等部门还联合中部六省一起搭建了外贸合作的重要平台——中国中部投资贸易博览会（简称"中部博览会"），每年举行一次，六省轮流承办。在地方层面，中部六省并未自

---

① 叶青.中部城市圈的变迁 [J].中国建设信息，2013（2）：28-32.

② 范利祥."中部办"挂牌促进中部崛起 协调中部六省发展 [N].21 世纪经济报道，2007-4-21.

发建立起诸如"长三角地区主要领导座谈会""泛珠三角'9+2'最高行政首长联席会议"等这类由地方主要领导人组成的区域合作决策机制。这一阶段中部六省党政主要领导人沟通交流的主要平台为中部论坛。该论坛将地方主要领导人、国务院相关部委负责人和有关专家学者聚集在一起为中部崛起出谋划策,尽管在统一地方领导人思想上发挥了一定作用,但并不带有决策的性质,所形成的共识对地方决策并不具备实质性的约束力。

这一时期,中部六省仍然是一个较为松散的区域板块,与国内"长三角"、"珠三角"和"京津冀"三大经济区不同,中部地区缺少龙头城市的带动,经济总量居前的省份在"谁将成为中部地区中心"这一问题上竞争激烈。因此,有部分专家学者提出建议:"倒不如将中部六省一分为二,以长江中游城市圈和黄河中游的城市群作为带动点,更加实际。"① 此外,江西和湖北的许多学者纷纷提出了"中三角"的设想。

(三)长江中游城市群空间概念下的府际合作(2011年—)

在国家中部崛起战略启动后,武汉城市圈、长株潭城市群和鄱阳湖生态经济区先后上升为国家战略,但这三个城市群各自的体量偏小,整体实力与长三角、珠三角和京津冀城市群有很大的差距。对于湘鄂赣三省而言,通过组建"中三角"、抱团发展,可以加强各区域之间的经济联系,产生系统集成效应,放大中部地区的经济总量,避免中部被边缘化。这一时期,中央政府对长江中游地区合作的政策引导意图也十分明显。2010年6月,"长江中游地区"被列为"国家重点开发区域";2011年3月通过的国家"十二五"规划纲要提出要加快构建"沿长江中游经济带",将长江中游地区纳入国家"两横三纵"城市化战略格局中。② 在这一背景之下,联合打造"中三角"经济圈被列入湘鄂赣三省主要领导的重要工作日程。2011年4月和7月,湖北省委书记和省长率代表团分别访问湖南、江西,倡议共同构建长江中游城市群,此提议得到了湘、赣两省领导的表态和支持。③2012年2月10日,湘鄂赣三省省长会商,共同签署了《加快构建长江中游城市集群战略合作框架协议》,这

---

① 童海华,王小明.中部崛起新路径:打造世界级大都市群[N].中国经营报,2011-10-15.

② 杨正莲."中三角"联盟破局[J].中国新闻周刊,2012(3):42-43.

③ 杨正莲."中三角"联盟破局[J].中国新闻周刊,2012(3):42-43.

标志着长江中游城市群区域合作全面启动。当前城市群内的府际合作主要从三个层面展开：

省级政府层面合作交流。建立了省际联席会议制度，每年定期召开一次，由三省党政主要领导人轮流召集，就合作中的重大问题进行集体磋商，并做出统一部署。[1]签署了《加快构建长江中游城市集群战略合作框架协议》《长江中游城市群战略合作协议》《关于建立长江中游地区省际协商合作机制的协议》《长江中游湖泊湿地保护与生态修复联合宣言》《长江中游地区省际协商合作行动宣言》等多个协议，通过了《长江中游地区省际协商合作轮值制度》，将合作协商运行机制常态化、规范化。为推进省际联席会议决议的落实，三省还建立了部门联席会议制度和信息互通制度，商议各个领域具体的合作任务与事项，仅2012年三省召开联席会议的职能部门就包括旅游、农业、交通运输、卫生、知识产权、文化、教育和工商等多个部门，签署了相关领域的合作框架协议。

省会城市间合作交流。省会城市间协调机制由"决策—协调—执行"三层构成。决策层为省会城市市长会商会。2013年2月23日，长江中游城市群省会城市首届会商会在武汉召开，四市市长共同签署《长江中游城市群暨长沙、合肥、南昌、武汉战略合作协议》（简称武汉共识），[2]建立起市际联席会议制度，约定每年定期召开一次联席会议，并在会上确定当期重点合作主题。截至2020年12月10日，已连续举办了八届，先后签署了《武汉共识》《长沙宣言》《合肥纲要》《南昌行动》《长江中游城市群省会城市合作行动计划（2017年—2020年）》《长江中游城市群建设近期合作重点事项》《长江中游城市群省会城市新区发展合作框架协议》和《长江中游城市群省会城市高质量协同发展行动方案》等一系列重要合作协议文件，就基础设施互联互通、产业发展协同互补、公共服务共建共享、整体规划集约发展、生态文明共建和对接长三角一体化发展国家战略等领域合作事宜进行磋商。2017年，会商会引入观察员，即每个省会城市各邀请一个省内地级市作为观察员城市参会，伴随着观察员城市相继加入，形成了以省会城市引领、各成员单位共同参与

---

① 杨正莲."中三角"联盟破局 [J].中国新闻周刊，2012（3）：42-43.

② IUD中国政务舆情监测中心.《武汉共识》打造中国经济增长第四极 [J].领导决策信息，2013（9）：22-23.

的区域合作局面，公积金、工商、医疗和旅游等方面相对成熟的城市合作经验开始在观察员城市中推广。协调层为长江中游城市群合作协调会，由省会城市分管市领导率相关部门负责人参加，主要负责明确重点合作任务的工作分工和进度安排。首届协调会于 2015 年 6 月 16 日在武汉举行，讨论通过了长江中游城市群省会城市合作协调会制度和城市合作秘书处工作制度，合作协调会原则上每年召开两次，迄今共召开七次。执行层为城市群城市合作秘书处，主要负责省会城市合作事宜的协调、推进和督办工作，秘书处采用非合署办公模式，由四市发改部门负责同志组成。

省内和省际次区域合作。除武汉城市圈、环长株潭城市群和环鄱阳湖城市群三个主体城市群内的合作外，三省交界地区的小圈群合作也十分活跃。如岳阳、九江和咸宁签订战略合作协议，努力打造长江中游城市群先行区、示范区，当前三地已在旅游合作上取得显著成效，联手创建湘鄂赣天岳幕阜山全域旅游示范新区，推出了"江湖行"智慧旅游平台；组建起旅游宣传协作联盟，三市广播电视台采取播出时段等量互换的方式，大力宣传推介三市优质的旅游景点、线路、产业等，打造湘鄂赣文化旅游宣传的互通平台。荆州、岳阳、常德和益阳携手共建洞庭湖生态经济区，在全面加强洞庭湖生态保护和修复、助推绿色发展上展开合作。四市共同编制的《洞庭湖水环境综合治理规划》2018 年 12 月获国家发展和改革委员会批复。目前四市通过政协主席联席机制和政府部门协调机制两个平台推进区域合作。2012 年 11 月，黄冈、九江签订跨江跨区合作开发框架协议，将黄梅县小池镇纳入大九江市城市发展、产业发展的总体规划进行设计，共同推进基础设施一体化建设。江西萍乡市主动融入长株潭城市群，先后与株洲、长沙签订合作试验区战略合作框架协议书，对接十三五规划，重点在产业优化升级和培育新兴产业方面开展合作。

二、长三角城市群府际合作的历程

根据 2019 年 12 月中共中央和国务院联合印发的《长江三角洲区域一体化发展规划纲要》，长三角城市群作为一个经济地理概念，包括了上海、江苏、浙江和安徽三省一市的 27 个城市，分别是上海市，江苏省的南京、无锡、常州、苏州、南通、盐城、扬州、镇江、泰州，浙江省的杭州、宁波、温州、嘉兴、湖州、绍兴、金华、舟山、台州，安徽省的合肥、芜湖、马鞍山、铜陵、安庆、滁州、池州、宣城市。^① 长三角城市群区域面积22.5万平方公里，占全国的2.3%。该区域具有重要的战略地位，是"一带一路"建设、长江经济带以及长江三角洲区域一体化发展等多个国家战略实施的交汇点，^② 也是我国目前经济最活跃的区域之一。2019年该地区国内生总值为23.7万亿元，占全国总量的23.9%。长江三角洲城市群是我国最早开始地方政府间横向合作的区域之一，其府际合作的历程大致经历了以下四个不同的阶段：

（一）起步阶段（1983年—1991年）

1983年，国务院成立了上海经济区规划办公室，并由原国家经贸委牵头构建以上海为中心的长江三角洲经济圈，该区域由此开启了中央政府主导下的府际合作。在上海经济区规划办公室组织下，经济区建立起省市长会议制度，并签署了多项经济合作协议。但当时行政分权化改革使得地方政府间利益博弈加剧，地区分割矛盾日益突出，作为规划和协调机构的上海经济区规划办公室调控力有限，作用不断弱化，1988年被撤销^③。尽管这一时期，上级政府主导的府际合作模式受阻，但区域内地方政府间自发式联合以及市场主体的跨区域合作开始涌现。如1986年，江苏、安徽和江西16个地市举行南京区域经济协调会；浙江宁波、绍兴、舟山、台州四个地市举办协作联谊会，后升格为浙东四地市市长、专员联席会议。^④ 此外，江浙部分企业打破区域限制，自发联合办厂，开展跨区域企业联姻。

（二）全面铺开阶段（1992年—2000年）

20世纪90年代初，在国家开发开放浦东战略牵引下，长三角地区各个城市自发将区域合作战略重新提上议事日程。这一时期的府际合作呈现出两个突出的特点：一是开始注重协商机制的构建。1992年该区域建立了城市经济协作主任联席会议制度，就打破行政分割、促进城市合作展开讨论。1997年

---

① 中共中央 国务院印发《长江三角洲区域一体化发展规划纲要》[N]. 光明日报，2019-12-2.

② 张学良，林永然，孟美侠. 长三角区域一体化发展机制演进：经验总结与发展趋向 [J]. 安徽大学学报（哲学社会科学版），2019（1）：138-147.

③ 唐亚林，于 迎. 主动对接式区域合作：长三角区域治理新模式的复合动力与机制创新 [J]. 理论探讨，2018(1)：28-35.

④ 张学良，林永然，孟美侠. 长三角区域一体化发展机制演进：经验总结与发展趋向 [J]. 安徽大学学报（哲学社会科学版），2019（1）：138-147.

升格为由各市市长参加的"长江三角洲城市经济协调会",审议并通过了《长江三角洲城市经济协调会章程》,将协商机制制度化。协调会在上海设联络处作为常设办事机构,负责日常工作。二是合作内容日益丰富。各城市在国企改革和资产重组、旅游商贸、交通体系建设、劳动力市场开放和信息资源共享等领域开展了广泛的协商与合作。

(三)深化拓展阶段(2001年—2008年)

这一阶段长三角地区的协作机制进一步完善,主要表现在三个方面:第一,构建起省级层面的协商机制。自2001年开始召开每年一次的"沪苏浙经济发展座谈会",该会议由常务副省(市)长主持,各地发改委、专题合作组负责人参加,共商合作事项;2004年又建立起"长三角地区主要领导座谈会"机制,由两省一市主要领导参加,旨在就区域一体化发展中的重大问题进行磋商,确定区域一体化的总体方向与要求。[①]第二,原有"长江三角洲城市经济协调会"也得以完善。从2004年开始,会期由两年一次调整为一年一次,合作交流更加密切;常设联络处改建为经济协调会办公室,并相继在专题工作协调、年度计划实施和日常工作管理等方面建立了一套完善的运作制度,工作更富有实效。第三,合作成员间的双边互动机制也逐步完善。如2003年3月和9月,浙江省、安徽省分别与上海市签署了合作协议;2006年月杭州市与上海市签署了深化经济合作协议书。[②]

(四)提质增效阶段(2009年—)

自2009年以来,长三角城市群的府际合作步入高质量发展的时期。在国家层面,2010年和2016年国务院先后批准了《长江三角洲地区区域规划》和《长江三角洲城市群发展规划》,2019年12月中共中央和国务院又联合印发《长江三角洲区域一体化发展规划纲要》,中央以整体性规划引领该区域的府际合作。在省政府层面,"三级运作、统分结合、务实高效"的区域合作机制形成。三级运作机制由决策层、协调层和执行层组成。其中,决策层为"长三角地区主要领导座谈会",一年一次,负责审议和决定区域发展重大事项;

---

① 张学良,林永然,孟美侠.长三角区域一体化发展机制演进:经验总结与发展趋向 [J].安徽大学学报(哲学社会科学版),2019(1):138-147.

② 张学良,林永然,孟美侠.长三角区域一体化发展机制演进:经验总结与发展趋向 [J].安徽大学学报(哲学社会科学版),2019(1):138-147.

协调层为常务副省（市）长参加的"长三角地区合作与发展联席会议"，主要负责协调推进和检查督促重要合作事项，联席会议下设办公室。执行层为联席会议办公室、重点合作专题组和长三角区域合作办公室。重点合作专题组根据合作事宜实行动态调整，由省（市）相关职能部门牵头负责，目前共设 11 个。长三角区域合作办公室于 2018 年 1 月设立，为常设机构，由三省一市抽调工作人员组建而成，负责统筹协调三省一市统一政策标准和行动规划、协助落实主要领导座谈会决策。此外，三省一市还建立了资金保障机制，共同出资设立了长三角合作与发展共同促进基金，主要用于跨省市基础设施建设、生态建设、环境治理以及产业升级 [1]。在地级市层面上，长三角城市经济协调会的运作机制也日益规范，建立了市长联席会议制度、办公室工作会议制度、专委会暂行办理办法和城市合作专题工作制度等，明确了协调会的议事流程。[2] 省内和省际次区域府际合作也十分活跃，南京都市圈、合肥都市圈、杭州都市圈和宁波都市圈内的市长联席会议制度纷纷建立。此外，跨地区、跨部门行业协会或民间组织被纳入区域合作体系，推动跨地区行业互动与联合，形成政府主导、市场运作、社会参与的多元化区域治理局面。[3]

三、京津冀城市群府际合作的历程

京津冀城市群的概念由首都经济圈发展而来，根据《京津冀协同发展规划纲要》，其空间范围包括北京、天津两大直辖市以及河北省的保定、唐山、廊坊、石家庄、秦皇岛、张家口、承德、沧州、衡水、刑台、邯郸共 11 个市。该区域面积 22.3 万平方公里，人口 1.1 亿。2019 年地区生产总值为 8.40 万亿，占全国总量的 8.5%。京津冀城市群是我国北方经济发展的引擎，被经济学家誉为继长三角、珠三角之后中国经济的第三个增长极。该区域的府际合作可追溯到 20 世纪 80 年代中期，迄今大致经历了三个发展阶段。

---

① 何苗. 区域发展促进基金与"飞地经济"双轮驱动"长三角"一体化进程加速 [N]. 21世纪经济报道，2013-12-27.

② 何苗. 区域发展促进基金与"飞地经济"双轮驱动"长三角"一体化进程加速 [N]. 21世纪经济报道，2013-12-27.

③ 唐亚林，于迎. 主动对接式区域合作：长三角区域治理新模式的复合动力与机制创新 [J]. 理论探讨，2018（1）：28-35.

（一）合作发起阶段（1986 年—1995 年）

京津冀地区最早的府际合作机制建立于 1986 年 5 月，为环渤海地区市长联席会，共有 15 个城市的市政府领导人参加，主要合作内容为经济协作。1988 年，北京与河北的保定、廊坊、唐山、秦皇岛、张家口、承德六地市组建了环京经济协作区，协作区从行业联合进行突破，组建了信息网络、科技网络、供销社联合会等多个行业协作组织，带动企业间的联合与协作，以此推进区域经济合作。[①]1992 年党的十四大报告中将环渤海地区列为全国开放开发的重点区域之一，国家有关部门明确了"环渤海经济区"的概念，并制订了区域规划。但由于地方政府间经济竞争加剧，重复建设愈演愈烈，致使区域协作逐步弱化，该地区与长三角和珠三角的差距拉大。

（二）缓慢推进阶段（1996 年—2012 年）

1996 年，环渤海经济区被国家"九五"计划列为七个跨省区市经济区域。同年，北京市提出建立以京津为核心，包括河北省七个市的"首都经济圈"。2011 年 3 月，首都经济圈被列入国家"十二五"规划。尽管国家政策的出台与相关概念的提出为该区域府际合作提供了新的契机，但令人遗憾的是"首都经济圈"主要停留在概念层面，各方对于首都经济圈的具体范围争议较大，致使 2004 年就正式启动的"首都经济圈区域规划"编制工作十余年未果。这一时期，京津冀地区主要通过发展和改革部门定期协商机制来推进区域合作。2008 年 2 月，第一次京津冀发改委区域工作联席会召开，三地发改委共同签署了《北京市、天津市、河北省发改委建立"促进京津冀都市圈发展协调沟通机制"的意见》。[②]主要领导协商机制的缺失表明各地对区域合作的重视程度不够。究其原因，在于三地的合作意愿和合作需求存在很大的差异，增加了协调的难度。河北省合作意愿强烈，率先提出"环首都经济圈"的概念，希望在毗邻北京的地方建设新城，形成集聚效应，带动周边城市的发展。北京强调首都的核心功能定位，希望通过区域合作获得生态环境保障和水资源供给，为发挥首都功能提供服务和支撑。同时，天津与北京之间关于"北方经济中心"之争从未间断，整个区域缺乏轴心，导致一体化工作进展缓慢。

---

① 天津经济课题组.京津冀一体化的综述与借鉴 [J].天津经济，2014（4）：22-29.

② 柳悦.天津就加大京津冀合作力度召开区域工作联席会议 [N].天津日报，2008-2-22.

（三）高速发展阶段（2013 年— ）

2013 年 3 月和 5 月，北京市委书记率领党政领导班子赴天津和河北与当地党政领导进行磋商，相互签署了综合性的区域合作框架协议。合作协议中包含了共同做好首都经济圈发展规划编制工作以及交通、物流、金融、旅游、环保、科教、人才、产业领域具体合作项目等内容。其中，交通物流和环保被视为重中之重，三方将加强 PM2.5 的污染治理工作，推动京港高速、京津高速和北京直通天津东疆保税港区快速通道建设。[1]地方领导的高度重视和协议内容的具体翔实标志着该区域的府际合作迈入新阶段。这一时期的区域合作机制主要由以下几个方面构成：

中央层面的顶层设计与协调。2014 年 2 月 26 日，习近平总书记在专题座谈会上强调指出，京津冀协同发展是一个重大国家战略。同年 8 月，国务院成立了京津冀协同发展领导小组及办公室，推动京津冀协同发展。2015 年 4 月 30 日，中央政治局会议审议通过了《京津冀协同发展规划纲要》，规划明确了京津冀的功能定位，将交通一体化、生态环境保护和产业升级转移作为重点领域，以破解地区经济发展差距、公共资源配置不均衡、资源环境制约等难题。[2]为推动产业布局一体化，2015 年 6 月 24 日，财政部和国家税务总局颁布《京津冀协同发展产业转移对接企业税收收入分享办法》，规定凡符合政府主导迁出且达到一定纳税规模的企业，将在迁出地和迁入地进行三大税种的分享，以迁出前三年税收总额为分享上限，五五分成，这为京津冀产业协同发展中的利益分配提供了具体方案。2017 年 9 月，国家发展和改革委员会、财政部、工业和信息化部联合京津冀和其他社会出资人共同出资设立了京津冀产业协同发展投资基金，该基金是国内唯一以区域协同为主题的、政府参与的产业投资基金。[3]

省（市）层面的协调。当前京津冀区域层面的府际合作协调机制主要包括三个部分。一是地方京津冀协同发展领导小组。2014 年，北京、天津和河北三地各自成立了区域协同发展领导小组，负责研究推进中央关于京津冀协

① 刘玉海. 首都经济圈规划编制将启动 习近平 5 月指出要推进 [N]. 21 世纪经济报道，2013-7-5.

② 京津冀协同发展领导小组. 京津冀协同发展规划纲要 [Z/OL]. 北京市昌平区人民政府网站，[2018-04-13]. http://www.bjchp.gov.cn/cpqzf/315734/tzgg27/1277896/index.html.

③ 武亚东. 京津冀产业协同发展投资基金正式成立 [N]. 经济日报，2017-9-30.

同发展的重大决策部署。二是府际联席会，包括京津冀三省市常务副省（市）长联席会和职能部门联席会两个层面。其中，常务副省（市）长联席会主要负责区域整体性事务的协调，职能部门联席会作为对接机制，负责落实常务副省（市）长联席会议精神。三是行政合作协议。有研究表明，近半数的京津冀府际联席会议签署了正式的合作协议，由此增强了合作的正式性和有效性。[①]协议内容涉及交通、产业、商务、环保、文化、教育、通关、市场监管等多个领域，仅签署的教育合作交流协议就累计十余项。[②]

第二节　三大城市群府际合作的多维度比较

通过上述府际合作历程的回顾可以看出，长江中游城市群、长三角城市群和京津冀城市群府际合作均起步于改革开放之后的 20 世纪 80 年代，这是多种因素共同作用的结果。首先，该时期我国经济体制由计划体制转向计划和市场两种体制并存，企业活力被激发，为了降低交易成本，提高经济效益，企业跨地区联合增加，这必然要求各地打破分割管理的局面，允许资金、技术和人才的跨地区流动，并开放市场。其次，行政分权化改革使地方政府获得了大量的财权、地方经济社会事务管理权和资源配置权，为地方政府开展合作提供了物质基础和合作空间。再次，中央提出的跨区域经济联合的思路为府际合作提供了外部动力。由此，府际合作首先从经济管理领域展开。尽管三个城市群府际合作的起步时间接近，但在合作成员规模与结构、合作意愿、合作范围、合作机制、合作模式与合作成效等方面却不尽相同。

一、合作组织规模比较

从合作成员数量上看，长江中游城市群涉及湘鄂赣三省的 31 个城市，长三角城市群涉及四省（市）的 27 个城市，京津冀城市群涉及三省（市）的 13 个城市，数量规模上存在差异。城市群的府际合作是一项集体行动，根据制度性集体行动理论的分析框架，地方政府在做出集体行动选择时首先要进行

---

①　锁利铭，廖臻 . 京津冀协同发展中的府际联席会议机制研究 [J]. 行政论坛，2019(3): 62-71.

②　烟成群 . 京津冀协同发展 如何让百姓尽享红利 [N]. 河北经济日报，2018-3-4.

"成本—收益"分析，只有当收益超过成本时，集体行动才可能发生。而集体行动的成本包含交易成本和风险成本两大类。其中，交易成本是指达成合作所需要的信息成本、谈判成本、缔约成本以及强制履行契约的成本等。风险成本则包含以下三部分：一是协调失败风险成本，指由于受协调任务性质和协调方式有效性等因素的影响，参与各方可能无法达成一致行动的共识，致使缔约失败；二是违约风险成本，指履行合作契约的过程中可能出现的拒不履行承诺和机会主义行为的风险；三是分配风险成本，指合作收益达不到预期目标的可能。[①] 随着合作成员的增加，集体行动的交易成本和风险成本都会随之上升。大规模集体行动成本远远高于小规模集体行动。因此，从成员数量上看，当前京津冀城市群府际合作更占优势，长三角城市群次之，而长江中游城市群合作成本最高。

二、合作成员结构比较

城市群是以一个或多个大城市为中心所形成的城市集合体，集合体中的各个成员由中心向外围依次有序逐级扩散，形成一个有梯度的城市等级体系，相互交融，功能互补，从而形成完整的政治、经济、社会、文化和生态功能体系。由中心城市与周边城市能级效应的共同发挥推进城市群的高质量发展。

从中心城市首位度来看，三个城市群存在明显差异。首位度是城市经济地理学的一个重要概念，它代表了一个地区城市体系中的城市发展要素在最大城市的集中程度，可以反映中心城市在城市群中的辐射与带动能力。目前国内常用的城市首位度计算方法主要有两种。一种是"两城市指数"法，即首位度等于首位城市与第二位城市的人口规模之比，亦可将其称为人口规模首位度。就此马歇尔指出，首位度的合理指数是 2.0，只有达到 2.0 的城市才能被称为首位城市。[②] 按照此种方法进行计算，2019 年长江中游城市群首位城市武汉市的首位度为 1.34，长三角城市群首位城市上海市的首位度为 2.26，京津冀城市群首位城市北京的首位度为 1.38。但考虑到京津冀城市群"一

---

① 锁利铭. 跨省域城市群环境协作治理的行为与结构——基于"京津冀"与"长三角"的比较研究 [J]. 学海，2017（4）：60-67.

② 雷仲敏，康俊杰. 城市首位度评价：理论框架与实证分析 [J]. 城市理论，2010（4）：33-38.

核、双城、三轴、四区、多节点"的空间布局，北京和天津同为区域协同发展的主要引擎，共同发挥高端引领作用。若将北京和天津的人口规模分别与排在第三位城市的人口规模进行对比，北京和天津的首位度分别为 2.07 和 1.50。长江中游城市群是多中心城市群，将武汉、长沙和南昌三个中心城市分别与所在城市群其他城市的人口规模进行对比，武汉市在武汉城市圈中的首位度为 1.77；长沙市在环长株潭城市群中的首位度为 1.15；南昌市在环鄱阳湖城市群的首位度为 0.82，其人口规模低于上饶市，排在第二位。另一种是用首位城市 GDP 在整个城市群 GDP 总量中的占比来表示，本章将之称为 GDP 首位度。按照此种方法计算，长三角城市群上海市的首位度为 18.71%，京津冀城市群北京市的首位度为 42.14%，长江中游城市群武汉市的首位度为 17.29%。[①] 从首位城市 GDP 首位度上来看，京津冀城市群高于长三角城市群，长江中游城市群排在最后。上述两种方法计算的结果均表明，长江中游城市群中心城市的影响力低于长三角城市群和京津冀城市群，其组织和引领能力有限，难以发挥较大的辐射带动作用。

从合作成员规模体系来看，三个城市群也表现出不同的特征。依据国务院颁布的城市规模划分标准，2019 年长三角城市群包含 3 个超大城市，10 个特大城市，14 个大城市；京津冀城市群有超大城市 3 个，特大城市 5 个，大城市 5；长江中游城市群有超大城市 1 个，特大型城市 10 个，大城市 19 个（其中 11 个为人口不足 300 万的 Ⅱ 型大城市），中等城市 1 个。[②] 从城市规模结构来看，长三角城市群和京津冀城市群超大城市数量相对较多，分别以 3 个超大城市为中心，周边密布大小均衡的特大城市和大城市，城市职能可以通过良好的城市等级网络依次有序地扩散到整个城市群，结构更加合理，[③] 而长江中游城市群仅有 1 个超大城市，大中城市数量占比过高，中心城市辐射带动能力明显不足，"小马拉大车"现象严重。

① 数据来源：由 2020 年湖北、湖南、江西、河北、北京、天津和上海统计年鉴相关数据整理得出

② 数据来源：由 2020 年湖北、湖南、江西、河北、北京、天津和上海统计年鉴相关数据整理得出

③ 马燕坤，肖金成.长江中游城市群与长江三角洲城市群的比较分析 [J].中国物价，2016（2）：15-18.

三、合作意愿比较

合作意愿是指城市群内地方政府具有的为实现合作目标贡献力量的愿望，它是府际合作集体行动产生的基本前提。合作意愿受到地方政府自身发展内在诉求、协作行动的成本收益、辖区内社会主体对区域性公共物品需求、上级重视程度和政策约束等多种因素的影响。各地资源禀赋差异和区域性公共物品关联性的存在为府际合作提供了内在动因，使得地方政府愿意通过合作实现优势互补，产生规模效应。同时辖区内市场和社会主体也迫切需要地方政府清除政策壁垒，降低制度成本，实现资源在区域范围内的自由流动，这构成府际合作的社会压力，使得地方政府为了提高公众满意度必须积极回应社会各方对区域合作的热情关切，自觉加强府际合作与交流。但地方政府间初始的合作意愿在计入了"成本—收益"的考量之后，便会显得极其不稳定。根据巴纳德提出的组织要素平衡理论，协作意愿得以维系的条件是组织的内外平衡，若将地方政府组建的合作组织视为一个协作系统，系统内部平衡的关键在于组织成员对组织的贡献与组织对成员的满足能够保持平衡。换而言之，当地方从合作中获得的收益不足以补偿在合作中支付的成本，或者合作收益小于独自行动的收益时，合作意愿就会减弱甚至消失。资源稀缺的永恒性是经济学的一个重要命题，面对稀缺的资源，地方政府间的利益博弈不容忽视，它集中体现在两个方面：一是经济利益的博弈，为了发展地方经济，提高财政收入，地方政府在引进资金、项目、人才和技术上存在激烈竞争；二是政治利益的博弈，即竞相创造政绩以获得有限的晋升机会。经济利益和政治利益上的博弈一方面激发了地方政府的创新意识，使得地方政府不断致力于改善投资环境、完善法规制度和提高服务效率；另一方面也挤压了合作的空间，造成了地方保护主义、重复建设和恶性竞争的局面，致使合作受阻甚至搁浅。从长三角、京津冀和长江中游城市群府际合作的历程来看，合作并非一帆风顺，各方的合作意愿时弱时强。当合作不能增进地方收益时，地方政府合作意愿会减弱，倾向于采取消极"不作为"的策略；而当合作行为致使自身利益受损时，地方政府便会丧失合作意愿，甚至采取诸如"以邻为壑"和恶性竞争等破坏行为。

从当前的府际合作意愿来看，京津冀城市群和长三角城市群高于长江中游城市群，这同样是因为利益因素起主导作用。京津冀协同发展和长三角一体化发展是新时代党中央和国务院确定的重大战略部署，国务院先后成立了京津冀协同发展领导小组和推动长三角一体化发展领导小组，统筹指导和综合协调两个区域一体化战略实施，研究部署重大事项和重大政策，并协调督促重大事项的落实，且两个领导小组均有相应的办公室，设在国家发展和改革委员会，承担领导小组的日常工作。中央的亲自部署和协调督促极大地激发了地方政府的合作热情。其次，京津冀城市群和长三角城市群内城市规模体系合理，超大、特大和大型城市呈网络状分布，不同类型城市功能各异，发展过程中面临的问题也各不相同，彼此合作需求的互补性较强，因此合作意愿更加强烈。例如，在京津冀城市群，北京面临巨大的人口和生态环境压力，需要向外转移非首都功能，这恰好给天津和河北提供了产业发展的机遇，同时河北也可以有效缓解北京的生态环境资源压力。与其他两个城市群相比，长江中游城市群的各个城市绝大多数都处在工业化中期，同质性较强，彼此需求的互补性程度不足，合作意愿不强烈。

四、合作范围比较

城市群府际合作的范围反映了地方政府合作的广度。通过对三个城市群各类政府联席会议名称和签署行政合作协议名称的比较发现，在合作的广度上三者差异较小。自2012年以来，长江中游城市群内的地方政府在公路联网、旅游产业发展、农业标准建设、工业园区建设、企业登记迁转服务、消费投诉一站式维权、城市规划对接、环境联防联治、通关一体化、平安边界共建、基本医疗保险异地就医即时结算、工伤保险异地协作、教育资源共建共享、急救与紧急医疗救援共建、金融同城化、人才发展与信息共享、社会信用体系建设和科技服务资源共享等多个领域开展了合作。在长三角城市群，地方政府就城市规划对接、产业转移承接、食品安全监管、污染联防联控、区域优质教育和卫生医疗资源共享机制建设、医疗保险跨地区结算、通关一体化、轨道交通衔接、高速公路联网、城际交通公交化运营、能源安全体系一体化、科技资源共享服务平台建设、金融市场一体化和智慧城市建设等多项内容达成合作共识并稳步推进。2014—2019年间，京津冀城市群内地方政府在通关一体化、城际交通网络建设、公共交通一卡通、产业转移承接平台建设、永定河综合治理与修复、潮白河流域水源涵养生态保护、大气污染联防联控、京冀生态水源保护林建设、教育和医疗对口帮扶、公共文化服务资源互通、人力资源服务标准统一和社会保险转移接续等领域推进合作。由此可见，三个城市群内府际合作的领域均十分广泛，合作范围覆盖了政府职能的各项内容，是涵盖经济、行政、社会、文化和生态领域的全方位合作。

但从府际合作重点来看，三个城市群却各有侧重。为了有序疏解北京非首都功能，京津冀城市群选择交通一体化、生态环境保护一体化和产业升级转移三个重点领域率先进行突破。长三角城市群当前共有 11 个重点合作专题，分别为交通、能源、信息、科技、环保、信用、社保、金融、涉外服务、产业转移和城市经济合作，其中多个专题均与经济相关，表明城市群内的经济合作非常紧密，这与该区域"全国发展强劲活跃增长极"的战略定位密不可分。长江中游城市群内的地方政府不断加强综合交通枢纽建设、产业分工协作、生态保护与修复、旅游产业发展和文化教育科技等公共服务共享等几个重点领域的合作。上述合作重点领域的区域差异表明，中央发布的区域发展规划对三个城市群发挥了较强的引导作用。

五、合作组织机构比较

合作组织是府际合作集体行动的设计者、组织者和推动者，在城市群一体化进程中发挥着重要作用。从府际合作组织的层级架构和外部形态上看，三个城市群存在差异。

在层级架构方面，长三角城市群为"中央—省（市）—城市"的三层级组织架构。在中央层面，国务院成立了推动长三角一体化发展领导小组及相应的办公室。在省（市）层面，上海、江苏、浙江和安徽四省（市）也分别设立了省（市）推进长三角一体化发展工作领导小组，并定期举办长三角地区主要领导座谈会，组建省相关专题合作组，联合组建常设机构长三角区域合作办公室。在城市层面，各市成立了推进长三角一体化发展工作领导小组办公室和专题合作组，定期举行市长联席会议。上述三层次的合作组织逐层对接。京津冀城市群的府际合作组织为"中央—省（市）"两层架构。国务院成立京津冀协同发展领导小组及相应的办公室，进行顶层设计。北京市、天津市和河北省各自组建区域协同发展领导小组，部署重大合作事宜。此外，通过召开常务副省（市）长联席会和职能部门联席会来完成区域一体化协调和落实工作。而长江中游城市群的府际合作组织为"省—城市"双层结构。在省级层面，三省定期举办省际协商合作会商会和部门联席会议。在城市层面，设有省会城市会商会、省会城市合作协调会和城市合作秘书处；次区域内城市联席会议等。与长三角城市群和京津冀城市群相比，长江中游城市群缺乏来自中央专门机构的统筹指导和督促落实，省市两级自发组建的合作组织的权威性和约束力十分有限。

在组织形态方面，长三角城市群和京津冀城市群的府际合作组织采取虚实结合的方式，既有领导小组、联席会议和专题小组这类侧重于关系协调的决策与协调组织机制，也有诸如领导小组办公室和区域合作办公室这类侧重于协调的实体组织机构。而长江中游城市群主要依靠联席会、会商会和协调会这类虚化的府际关系协作机制推进合作，即使是省会城市合作秘书处也采用非合署办公方式，合作组织显得较为松散。尽管自发组建的关系型组织协调机制具有灵活性强、组织成本低的特点，但在横向的府际关系协调工作中却面临权能不足的现实困境。

六、合作协调机制比较

以权力作用方向为标准，可将府际合作协调机制分为纵向统筹机制与横向协作机制两大类。[①] 在跨省城市群的合作中，纵向统筹机制是指中央政府通过运用其权力影响力自上而下地推动地方政府合作，其作用方式包括区域规划、领导小组、区域政策、行政命令和资金扶持等多种形式。横向协作机制是指同级或不同级别的地方政府基于平等协商达成共识并采取联合行动的自组织机制，具体表现为府际联席会议、组建合作机构或联盟以及签署合作协议等。纵向统筹机制的优势在于其权威性与约束力，以及全局利益的最大化，但可能因为没有照顾到地方利益而影响到地方积极性与创造性的发挥，导致其效用因地方执行不到位而消解。横向协作机制较好地照顾到各地方利益诉求，激发了地方的自主性与创造力，但却面临约束力不足和区域利益与国家利益相冲突的困境。在三个城市群的府际合作中，都有纵横两种合作机制的配合，但两者作用的力度和方式却存在差异。在长三角城市群和京津冀城市

---

① 锁利铭，廖臻. 京津冀协同发展中的府际联席会议机制研究 [J]. 行政论坛，2019(3)：62-71.

群，纵向统筹机制的工具更加多样化，如长三角城市群是"区域规划＋领导小组"的组合，京津冀城市群是"区域规划＋领导小组＋区域税收政策＋产业协同发展基金"的搭配，而长江中游城市群的纵向统筹机制只表现为单一的区域规划。显然纵向统筹机制在京津冀和长三角城市群的作用力度远大于长江中游城市群，对横向协作机制提供了等级制的保护，达到了较好的配合效果。

以参与者规模为依据，府际合作机制可被分为双边合作机制、多边合作机制与全体合作机制三种[①]。由于参与者数量的不同，三种合作机制的交易成本有高低之分。一般而言，随着参与者数量的增多，达成共识、建立规则和履行合约所耗费的交易成本会随之上升。从成本角度考虑，双边合作机制优于多边合作机制，而多边合作机制又优于全体合作机制。但从合作产生的规模效应来看，全体合作机制又优于多边合作机制和双边合作机制。因此，三种合作机制没有绝对的优劣之分。在省级层面的合作上，由于合作成员数量少，三大城市群都不约而同地选择了全体合作机制和双边合作机制，通过全体合作机制建立共同认知和框架协议，形成整体性安排，同时通过双边互访与合作解决个性化问题，加深合作深度。而在城市层面，长三角城市群同时运用了双边、多边与全体合作机制，全体合作机制表现为长三角市长联席会议，多边和双边合作机制表现为次区域联席会议。长江中游城市群则主要运用多边合作机制，主要表现为省会城市会商会和城市群中各类次区域联席会议。该种做法尽管成本低、易于操作，但从长远看，不利于整体效应的形成。

七、合作效果比较

城市群府际合作的目的就是为了打破行政区划的刚性制约，在更大区域空间范围内优化资源配置，达到协同增效，实现区域高质量发展。城市群的经济社会发展水平代表了地方政府充分调动政府、市场和社会资源，有效化解一体化阻力的能力，是府际合作水平的最终体现。本章选用人均GDP、三次产业结构比、城镇化率和外贸依存度等指标对2019年三大城市群的经济社会发展水平进行衡量。通过下表3-1中的数据可以看出，长三角城市群的人均GDP、城镇化率和外贸依存度均排在三大城市群的第一位，京津冀城市

---

① 锁利铭，廖臻．京津冀协同发展中的府际联席会议机制研究 [J]. 行政论坛，2019(3)：62-71.

群第三产业占比最高，为 66.89%。相比之下，长江中游城市群的各项指标均靠后，人均 GDP 为 7.18 万元，仅为长三角城市群人均 GDP 的 58.04%；第三产业占比为 50.26%，分别低于长三角城市群和京津冀城市群 5.95 和 16.63 个百分点；城镇化率为 60.76%，分别低于长三角城市群和京津冀城市群大约 12 个百分点和 6 个百分点；外贸依存度仅为 10.87%，远远低于长三角城市群 53.40% 和京津冀城市群 47.68% 的水平。以上数据表明，长江中游城市群的人均生活水平、服务业发展水平、城市化水平和对外开放水平均与另外两大国家级城市群存在较大差距，区域一体化发展任重道远。

表 3-1 "长三角—京津冀—长江中游"城市群
2019 年经济社会发展水平比较

城市群名称	人均 GDP（万元）	产业结构	城镇化率（%）	外贸依存度（%）
长三角	12.37	2.83：40.96：56.21	72.78	53.40
京津冀	7.63	4.43：28.68：66.89	67.08	47.68
长江中游	7.18	7.80：41.94：50.26	60.76	10.87

数据来源：2020 年《中国城市统计年鉴》《湖南统计年鉴》《江西统计年鉴》《江苏统计年鉴》和各城市统计年鉴。

第三节 结论与建议

综上所述，长江中游城市群府际合作在成员规模、成员结构、合作意愿、重点领域、组织机构、协调机制和合作效果上与长三角城市群和京津冀城市群存在差异，府际合作水平还有很大的提升空间。借鉴长三角和京津冀城市群的成功经验，可以从以下几个方面来促进长江中游城市群府际合作的高质量发展：

一、加强次区域府际合作，由点带面实现全区域协同发展
鉴于长江中游城市群合作成员数量多，且中心城市辐射能力不足的特点，

可行的做法是通过加强城市群内次区域合作,将合作圈逐步向外扩大,最终实现全域合作。与全体成员合作相比,次区域府际合作具有协调成本低、针对性强的优势。地理位置毗邻的城市间有着密切的经济社会联系和共同的地缘文化,在长期经济社会交往中形成的信任感有利于塑造合作意识。地域界限是相对固定的,这限制了各个地方潜在合作伙伴的范围,高昂的违约成本使得各地对机会主义或违约行为持审慎态度,因为一旦失去信用,将很难找到新的合作伙伴。同时,地理位置相邻的地方往往面临共同的发展问题,更容易找到符合共同利益的合作事项。此外,由于公共物品具有非排他性和非竞争性,联合供给可以降低生产成本,使各方共同受益,地方政府更倾向同相邻地区达成协议共同提供公共物品和服务。因此,在长江中游城市群区域合作中,要尊重市场化的选择,不能一味贪大求全,"摊大饼式"地推进。当前应该进一步加强武汉城市圈、环长株潭城市群和环鄱阳湖城市群三个核心圈的合作,推动宜荆荆城市群、赣西经济转型区、赣东北扩大开放合作区、咸岳九"小三角"和洞庭湖生态经济区等延伸圈的合作,将上述已有良好合作基础的次区域一体化工作做实,在产业布局一体化、环境污染联防联控、城市功能分工互补、取消限制性政策和一体化政务平台建设等重难点领域取得实质性的突破,形成多个有竞争力的次区域。再通过三个核心圈之间以及核心圈与延伸圈间的互联互通最终形成长江中游城市群一体化融合发展的格局。

二、优化长江中游城市群的城市体系

当前长江中游城市群的城镇体系呈现出"尖塔"型特征,唯一的超大城市武汉市的人口规模首位度和 GDP 首位度均不高,辐射带动能力有限,引领能力较弱,特大城市数量偏少,人口在 300 万以下的 II 型大城市和中等城市数量过多,不利于城市群能级效应的发挥。应该充分利用京广、二广和福银等南北向发展轴和长江、沪蓉和沪昆等东西向发展轴,形成"一核两极多节点"式梯度合理、层级递进、分工错落有序的城市体系。

一核即以武汉为核心。武汉市是长江中游城市群经济网络中的主要节点城市,[①]其经济总量和第三产业占比居于首位。目前武汉市拥有东湖高新国家

---

① 武汉市自然资源和规划局 . 长江中游城市群空间协调发展规划 [Z/OL]. 武汉市自然资源和规划局网站, 2016-10-24. http://gtghj.wuhan.gov.cn/pc-2221-100732.html.

自主创新示范区和武汉城市圈科技金融改革创新试验区等国家战略支撑，并且具备国家重点高校和科研机构云集的优势。武汉应充分利用良好基础和先发优势，加快科技创新与体制创新，大力发展金融、物流、商贸和会展等现代服务业及光电、信息等高新技术产业，加快建成国家中心城市，增强其区域辐射和综合服务功能，引领整个城市群的发展。

两极是指长沙和南昌。长江中游城市群区域面积在我国五大城市群中居于首位，仅靠一个核心城市难以支撑区域快速发展，需要协同长沙、南昌，形成核心带动、多极协同的一体化发展格局。长沙是连接中南地区和东中西部地区的枢纽城市，其文化底蕴深厚，经济社会发展迅速，在长江中游地区的经济网络中辐射范围广，可以进一步发挥其文化产业和制造业方面的优势，加速发展成为超大城市。南昌市的经济总量与武汉和长沙还有一定差距，这与其人口数量有一定关联，南昌是中部地区人口最少的省会城市，应该加大人才引进力度，将新兴的生物医药、航空装备等重点产业做强，利用自然环境的优势将自身打造为绿色生态之城。由此增强长沙和南昌的极核效应，带动长江中游城市群的发展。

多节点是指宜昌、襄阳、荆州、黄石、孝感、咸宁、岳阳、株洲、湘潭、常德、益阳、九江、宜春、上饶、抚州等城市。上述城市可以通过改善营商环境与居住环境、发挥比较优势及建设产业平台等有力举措不断壮大自身规模，成长为经济发展和人口集聚的空间载体，带动周边城市的发展。

三、完善府际合作组织

长江中游城市群府际合作组织面临的突出问题是权能不足，省级层面和省会城市层面的合作均由府际联席会议这一松散的议事协调机构来推进。尽管该组织机制可以加强沟通与协商，使地方政府间的交流常态化、定期化，[①]但该类议事机构并非正式的行政机构，缺乏法定的职权，在实际运作过程中，与会各方只就联席会的协调与决策功能达成了约定，并未赋予其对各方进行监督约束的职能。机构成员随地方官员任职的调整而改变，缺乏稳定性和连续性，领导关系不明确，执行力较差，[②]致使府际合作呈现出重协议轻实施的

---

① 锁利铭. 府际联席会：城市群建设的有效协调机制 [N]. 学习时报，2017-9-18.
② 杨龙，郑春勇. 地方政府间合作组织的权能定位 [J]. 学术界，2011（10）：18-259.

状况。为此，可借鉴长三角城市群的经验，由湘鄂赣三省联合组建长江中游城市群协同发展办公室，从三省发改委相关处室抽调人员，作为常设机构集中办公，并赋予其必要的合作组织管理权限，具体包括省际联席会议决策落实中的协调权、区域重点合作事项的建议权和合作行动计划的编制权等。该机构的组织目标为推动区域合作共识的落实，完成单个合作成员"做不了"也"做不好"的事务，合作协议的具体执行工作仍交由各地的相关职能部门完成。

四、完善府际合作协调机制

鉴于横向协作机制缺乏约束力的弊端，长江中游城市群的府际合作需要强化纵向统筹机制。为此，湘鄂赣三省除了积极向中央争取更多政策支持外，更加迫切的是要健全内部的纵向统筹机制。借鉴京津冀城市群的成功经验，在省政府层面设立长江中游城市群一体化发展领导小组和办公室，加强对本省内次区域合作的统筹指导和综合协调，通过发布次区域一体化发展规划、完善次区域发展相关条例、发布区域合作与发展指标等方式协调督促重大事项的落实。为了保证领导小组工作的有序推进，在发改委设领导小组办公室，组织拟订并协调实施省内次区域发展规划，承担领导小组日常工作。同时，也要进一步强化横向协作机制，重点解决以下两方面的问题：一是完善府际合作的信息平台和政务一体化服务平台，前者便于合作成员及时掌握信息，降低合作成本；后者可以打破地域界限，为社会提供整体化性的区域公共服务。由长三角区域合作办公室主办的"中国长三角（www.china-csj.org.cn）"网将合作信息交流、一体化政务服务、区域政策发布、智库建设和对外宣传的多种功能集为一体，为区域协同发展搭建了信息和技术平台，长江中游城市群可加以借鉴。二是完善行政合作协议的形式要素。当前城市群内地方政府签署的合作协议内容大都比较空泛，一般只确定了合作的原则和方向，这类协议签署容易却执行难。因此，除综合性合作框架协议外，各职能部门签署的专项合作协议应该参照合同的形式要素，对合作内容、合作期限、合作方的权利与义务、履约方式、纠纷解决办法及违约责任等做出具体规定，增强合作协议对缔约方的约束力。

第四章　长江中游城市群府际
合作水平影响因素分析

长江中游城市群府际合作的起步时间与长三角城市群和京津冀城市群大体一致，但在合作深度和合作成效上却存在差距。在长江中游城市群内部，尽管武汉城市圈、环长株潭城市群和环鄱阳湖城市群三个主体城市群的地理位置、自然资源和人文环境相似度较高，但府际合作水平也呈现出差异性。究竟是哪些因素影响了合作成效？其中关键性变量有哪些？各种因素是如何通过交互作用影响合作关系的？本章试图运用制度分析框架去多方位探讨多种影响因素和府际合作行动间的内在逻辑关系，以便推进长江中游城市群府际合作关系的健康发展。

国内学术界已经运用多种分类方法对府际合作水平的影响因素进行了探讨。如龙朝双和王小增（2007）运用动力系统模型将之划分为引力、压力、推力和阻力四大类，其中引力为地方官员对行政区利益和职位晋升的诉求；压力来自构建服务型政府、提升政府绩效和走出财政困境的需要；外部推动力为经济全球化、区域一体化、市场经济、中央政策导向及企业和社会组织等的跨行政区合作；阻力主要表现为地方保护主义、地区间恶性竞争、利益补偿机制欠缺、现有地方官员绩效考核体系。[①]杨龙（2008）指出中央政府的资金支持、政策诱导与地方政绩评价导向是重要的外部推动力量，合作共识、地方官员发展观、合作任务利益相容性、合作机制等主客观内部因素将影响合作领域与深度。[②]饶常林（2014）提出府际合作的影响因素包括政治因素和

---

① 龙朝双，王小增. 我国地方政府间合作动力机制研究 [J]. 中国行政管理，2007（6）：65-68.

② 杨龙. 地方政府合作的动力、过程与机制 [J]. 中国行政管理，2008（7）：96-99.

非政治因素两大类，中央政府、政党制度、地方官员和政治文化等政治因素构成了府际关系赖以形成和发展的宏观环境，从根本上决定了府际合作的基本结构和功能；外在的自然、经济、历史、社会环境等非政治因素影响着合作的广度和深度。[①]刘小泉和朱德米（2016）认为成功的府际合作是驱动因素、成员因素和过程因素共同作用的结果，互补需求、彼此依赖性和未来的不确定性是府际合作的动力源泉，包容关键利益相关者的制度是合作成功的先决条件，地方领导和利益相关者的相互承诺与信任是维持合作的重要支撑。[②]王玉明（2019）聚焦地方政府环境合作主题，将合作的影响变量划分为认识、制度、价值和组织四个维度。[③]

从国内现有相关研究成果来看，绝大多数属于规范研究，即通过抽象的逻辑推演解释多种变量与府际合作间的相互作用关系。王玉明教授（2019）进行了定量研究的有益尝试，在高校学者和实务专家中开展了府际环境合作影响变量重要性程度期望值问卷调查，统计分析的结果表明：学术界和实务界对合作机制、合作网络、合作收益和合作领导等八类影响因素的期望值最高且方差较小。[④]该研究成果反映出专家们对部分影响因素重要性的主观认知趋于高度一致。但这些因素是否为关键性因素以及其对府际合作的影响力大小尚无法用客观数据加以证明。相关定量研究少的根本原因在于：一方面，府际合作行为受到政治、经济、社会、文化和自然等多种环境因素的影响，其中诸如合作意识、合作信任、合作网络、领导意愿、文化传统等多种主观解释变量难以量化；另一方面，府际合作行为与影响因素之间存在相互作用，府际合作会增进合作意识、合作信任和合作网络等，同时也能促进合作机制完善、合作规划制订和合作协议签署，当研究者试图通过数理模型去对府际合作关键性因素进行定量分析时，无法回避内生性问题。由此可见，学术界现有研究范式是由研究对象本身的特性所决定的，很难有所突破。基于此，

① 饶常林.地方政府合作的影响因素分析 [J].新视野，2014（5）：60-64.

② 刘小泉，朱德米.合作型环境治理：国外环境治理理论的新发展 [J].国外理论动态（京），2016(11)：67-77.

③ 王玉明.城市群府际环境合作：影响变量与形成逻辑 [J].湖北经济学院学报，2019（2）：46-56.

④ 王玉明.城市群府际环境合作：影响变量与形成逻辑 [J].湖北经济学院学报，2019（2）：46-56.

本章也选择运用描述性统计分析和案例分析相结合的方法对长江中游城市群府际合作影响因素进行实证研究。

府际合作是整个社会系统当中的一个子系统，研究该行政现象时，既要考虑法律制度、行政体制、国家政策等政治类因素的影响，又要考虑经济水平、社会结构、区域文化、自然地理等非政治类因素的作用。根据马克思主义唯物辩证法的理论，城市群府际合作行为的产生和发展都是内因和外因共同作用的结果，各种复杂的内外部因素相互交织，影响了地方政府的策略选择。通过梳理已有研究成果，本章将长江中游城市群府际合作水平的影响因素归纳为外部环境因素和内部条件因素两大类。其中外部环境主要包括中央政策、经济社会发展压力和同行的示范效应；内部条件因素主要表现为地区特征、合作利益、合作制度与合作组织四个方面。

第一节　影响长江中游城市群府际合作水平的外部环境因素

一、中央政策的激励

从政治层面来看，中央政策的诱导为府际合作提供了强大的外部推动力。我国是单一制国家，城市群内地方政府间横向合作作为国家政府间纵横关系体系中的一个重要组成部分，必然受到中央与地方政府间纵向关系调整的影响，尤其是中央政策导向的影响。当中央的政策设计能够兼容地方利益诉求时，地方就会达成合作共识，采取协作行动；而当中央的政策设计可能引发地方利益冲突时，地方政府就会陷入无序的竞争，使合作名存实亡。中央政策的激励作用主要表现为对地方政府合作的发起、推动和维持。从国内地方政府合作产生的条件来看，与中央政策调整密切相关。中央向地方的分权化改革使地方政府获得了地方经济社会事务管理权、部分财税权和资源配置权，这为府际合作提供了物质基础和合作空间。此后，中央提出跨地区经济联合、经济特区、鼓励东部地区率先发展、西部大开发、中部崛起、京津冀协同发展及长江经济带发展等一系列区域发展战略，这掀起了各地区府际合作的热潮。此外，中央政策在维持地方合作关系上也发挥了重要作用，国内城市群府际合作的历程并非一帆风顺，其间也夹杂着诸如"原料大战""产品大战"和"政策大战"等恶性竞争，中央通过发布禁止实行地区封锁的相关规定和进行统一规划，对地方政府间关系加以规范，这为地方政府间合作关系提供了成长空间。

长江中游城市群府际合作实践表明，中央政策的激励作用不容忽视。中央政策主要通过以下两种途径发挥诱导作用：一是中央相关区域发展战略发布之后，地方政府在贯彻落实中央政策过程中加强了合作，合作水平得以提升。该区域早期"武汉经济协作区"的合作便是中央经济技术协作政策诱导下的产物。此后府际合作又在国家中部崛起战略的驱动下得以发展，中部六省在农业经济、旅游产业、交通运输和人才管理等领域签署了大量的合作协议。二是地方政府会通过合作形成合力，努力使地方策略上升为国家战略，为自身争取政策发展机遇。2011 年国家"十二五"规划纲要中提到在中西部有条件的地区培育壮大若干城市群。为了抓住新一轮的政策机遇，湘鄂赣三省自发联合起来，开展密集的交流互访活动，携手提出了"长江中游城市群"概念，组建了三省会商会和省会城市会商会的合作机制，2012 至 2014 年的三年间，签订的合作协议达到 51 项，其中仅 2012 年就有 24 项。① 在三省的共同努力下，长江中游城市群战略上升到国家层面。值得注意的是，中央政策的诱导作用是有限的。首先，国家战略带有阶段性特征，对地方而言是一种稀缺性资源，不可多得。其次，如果缺乏有效的监督约束，政策产生的激励效应会逐步递减。政府网站新闻报道和各城市年鉴大事记部分提供的地方政府合作会议信息表明：2016 年和 2017 年间，长江中游城市群内府际合作会议的次数与 2015 年相比，有明显的下降，2015 年为 31 次，而 2016 年和 2017 年分别为 11 次和 16 次。在武汉城市圈和环长株潭城市群次区域合作中也呈现出同样的特点，上述两区域在"两型社会"示范区获批后的第一年即 2008 年，府际合作最为活跃，此后会议活动报道明显减少。

二、经济社会发展的压力

从经济层面来看，社会主义市场经济体制的逐步完善和经济全球化背景

---

① 数据来源：政府网站和新闻网站报道、《武汉城市圈年鉴》《长株潭试验区年鉴》和各城市年鉴。

下的竞争压力迫使地方政府积极谋求合作。市场经济是一种开放型经济，资金、产品、人才和技术等的跨行政区流动必然要求清除地方间的一切制度性壁垒，统一政策标准，实现基础设施互联互通和政务服务的一体化，以最大限度减少市场主体的制度成本。目前长江中游城市群省会城市工商政务云项目已投入运行，省会城市实现了区域通关一体化，全面推进"一次申报、一次查验、一次放行"模式，这些合作项目都是为了适应市场经济发展的需要，为区域内市场主体提供了便利，降低了企业的交易成本。此外，在经济全球化和区域一体化时代背景下，地方政府面临的竞争压力与日俱增，在自身资源有限的情况下，各地希望凭借互补优势和规模经济为自身赢得更多的发展机遇，促进地方经济的增长。从表4-1中可以看出，2007—2011年间，湘鄂赣三省的人均GDP均低于全国平均水平，这表明三省经济发展水平偏低，为了提高竞争力，三省迫切需要加强合作，通过区域经济一体化提高资源配置效率，同时通过"区域品牌"的打造来吸引国内国际生产要素的流入，于是"长江中游城市群"的概念应运而生。外部经济竞争压力成为府际合作的重要推动力。

表4-1　2007—2011年湘鄂赣三省人均GDP与全国人均GDP比较

（单位：元）

年份	2007年	2008年	2009年	2010年	2011年
湖北	16386	19858	22677	27906	34131
湖南	14869	18147	20428	24719	29828
江西	13322	15900	17335	21253	25884
全国	20494	24100	26180	30808	36302

数据来源：2008年—2012年《湖北统计年鉴》《湖南统计年鉴》《江西统计年鉴》和《中国统计年鉴》。

从社会层面来看，湘鄂赣三省均为人口大省，随着人们对交通、教育、医疗、文化、社保和环保等公共服务需求的增加，地方政府面临巨大的财政支出压力，而区域性公共服务的联合供给可以实现规模效应，同时也能有效避免效益外溢。以行政区域交界地段的交通运输、通讯以及能源输送管网的建设和维护为例，此类公共产品的边际生产成本递减，联合供给比任何一方单独供给的成本更低，可以让各方共同受益。再如流域治理、大气污染防治、突发性公共卫生事件处置和公共安全维护等区域性公共问题，只有通过地方政府的联合行动才能加以解决，缺少任何一方，治理效果都会大打折扣。降低区域性公共服务供给成本和提高供给质量的社会压力促使地方政府试图通过合作实现共赢。从长江中游城市群府际合作的进展情况来看，恰恰是公共服务和民生领域的合作推进较快。当前文化部门已成立了"中三角演艺联盟"，组建了公共图书出版发行产业联盟，成立了公共图书馆联盟；[①] 城市群内省会城市间实现住房公积金省际异地互认互贷与转移接续，并实现异地医保即时结算。2019 年 1—10 月，从南昌、长沙、岳阳和九江等七个城市转入武汉市的住房公积金达到 758 笔，合计 2454.33 万元；同期从武汉转入上述七城市的住房公积金共 379 笔，合计 688.42 万元。[②] 地方政府在上述领域的合作正是为了回应社会公众日益增长的公共服务需求。

三、同行的示范效应

在长江中游城市群经济社会发展压力增大的同时，同样是面对经济全球化的挑战，国内长三角城市群等区域通过健全区域合作机制，促进了区域经济高速发展，有效地提升了国际竞争力。以长三角城市群为例，同期的综合经济实力和财政收入远远高于长江中游城市群。2011 年，长三角城市群 22 市的 GDP 总量为 94718.48 亿元，为长江中游城市群 31 市 GDP 总量的 2.2 倍；长三角城市群的人均 GDP 为 68727 元，是长江中游城市群的 1.99 倍；长三角城市群的公共财政一般性预算收入为 10577.73 亿元，为长江中游城市群的 3.51 倍。[③] 国内其他城市群府际合作的成效产生了良好的示范效应，提高了长江中游城市群内地方政府对合作收益的预期，增强了地方政府的区域合作意愿。

---

① 吴文娟.鄂湘赣携手，挺起长江经济带"脊梁"[N].湖北日报，2018-4-20.

② 郑汝可，谢宏.合武高铁设计时速 350 公里 [N].长江日报，2019-12-05.

③ 数据来源：2012 年《中国区域经济统计年鉴》。

第二节　制约长江中游城市群府际
合作水平的内部条件因素

一、地区特征

区域内自然地理条件、经济发展水平和中心城市主导力等特征构成了府际合作的基础环境，必然与地方政府合作关系发生相互作用。

（一）自然地理条件

已有研究表明，自然地理环境对府际合作具有正负两方面的影响。其正面影响表现为：自然资源的共有状态使联合开发与保护成为各方共同利益之所在，从而引发了合作。其负面影响则表现为：河流山川等自然屏障阻碍了地方之间的联系，不利于合作的开展。[①] 长江中游城市群山水相连、临江达海，是承接东西和连接南北的交通枢纽，立体化交通网络发达，这为府际合作创造了优越的自然条件。

大气和河流等自然资源的共有特征使得长江中游城市群内的地方政府从合作之初便将环境污染协同治理作为合作的重点内容。早在 2012 年签署的《长江中游城市群战略合作框架协议》中，湘鄂赣三省就明确了开展区域环境治理领域的合作，三省环保部门也签订了跨界环境污染纠纷处置和应急联动框架协议。2013 年《武汉共识》将洞庭湖和鄱阳湖综合治理列入重点合作领域。此外，《江西省大气污染防治条例》（2016）和《湖北省大气污染防治条例》（2018）、《湖北省水污染防治条例》（2018）等地方性法规中明确提到区域污染的联合防治。与此同时，丰富的山水资源也使长江中游城市群将旅游资源联合开发作为产业合作的突破口。自 2012 年以来，三省旅游部门之间及各城市之间签署了多个旅游合作发展协议，建立了旅游会商会制度。从 2013 年开始联合举办长江中游城市群旅游推介会，共同建设有影响力的区域旅游品牌。2015 年面向全国联合发行旅游年卡，持 200 元的旅游年卡可畅游武汉、长沙、南昌和合肥四城的 41 个景区，共同拓展区域旅游市场。三省还开展

---

① 饶常林.地方政府合作的影响因素分析 [J].新视野，2014（5）：60-64.

了旅游标准、管理和服务对接工作，有序推动城市群内各城市旅游产业转型升级。

（二）经济发展水平差异性

经济发展水平差异性可能对府际合作产生两种截然不同性质的影响。根据循环累积因果理论，社会经济各因素间存在着循环累积的因果关系，在循环累积过程中，存在回流与扩散两种相反的效应，前者指落后地区的生产要素向发达地区流动，导致落后地区因要素不足而发展更加缓慢；后者是指发达地区的资金和劳动力向落后地区流动，促进落后地区发展。[①]城市群的发展一般要经历从极化至扩散的过程。在极化过程中，经济上的差距将会削弱不发达地区参与合作的积极性，因为经济落后地区往往处于区域产业分工链的底端，从合作中获得的收益较少，在缺乏利益补偿的情况下，会选择主动回避或撤出合作。[②]而经济发展水平相似地区却具有合作的动机，经济不发达地区希望联合起来向上级争取政策和资金的扶持；经济发达地区则愿意联合反对再分配政策或相互分享应对共同问题的经验。[③]这意味着经济上的差距不利于合作的开展。然而，根据地方政府竞争理论，城市群内的地方政府在本质上是竞争关系，[④]经济发展水平接近地区往往产业结构相似度高、彼此围绕资金、技术和人才等生产要素产生的竞争不可避免。[⑤]这种同质化的竞争会破坏合作基础，不利于合作的深入。

从长江中游城市群府际合作的实践看，合作早期经济发展水平的相似性促进了地方政府的联合。湘鄂赣三省同处我国中部地区，为了避免与东部地区、东南沿海地区的经济社会发展差距进一步拉大，三省选择联手打造长江中游城市群，抱团向中央政府争取政策支持，成功地将长江中游城市群战略上升为国家战略。然而随着区域一体化的推进，三省经济社会发展水平的相

①　袁正然，高法成.海上丝路经济带欠发达城市的综合竞争力分析——以广东徐闻为中心的调查 [J].财经政法资讯，2015（6）：46-54.

②　龙朝双，王小增.我国地方政府间合作动力机制研究 [J].中国行政管理，2007（6）：65-68.

③　饶常林.地方政府合作的影响因素分析 [J].新视野，2014（5）：60-64.

④　Albert Breton. Competitive Governments：An Economic Theory of Polities and Public Finance[M]. New York：Cambridge University Press，1998：262.

⑤　李一花."地方政府竞争"的经济学分析 [J].广西财政高等专科学校学报，2005（1）：5-11.

似性却阻碍了合作的进一步深入。三省第二产业比重较高，都处于工业化中期阶段，支柱产业大都集中在机械制造、石油化工、有色金属冶炼和食品加工等领域，在承接沿海地区电子信息、食品制造和建材加工等产业转移过程中竞争激烈，[①]这阻碍了各地间的产业互补合作。从长江中游城市群内部三个主体城市群的实践来看，经济发展水平的相似性也影响了府际合作的推进。本章选用 GDP 总量、人均 GDP 和 GDP 增速来对经济发展水平进行描述，为保持数据的连贯性与可比性，先计算三个主体城市群中各城市三个指标 2007 至 2017 年共计 11 年的均值，然后求出均值的标准差，用标准差除以均值得到三个指标的标准差系数，标准差系数越大，说明城市群内各个城市的经济发展水平的差异越大。[②]从表 4-2 中可以看出，环鄱阳湖城市群内部各城市经济发展水平差异最小，而武汉城市圈内九个城市经济发展水平差异最大。从本书第二章测度的结果来看，差异最小的环鄱阳湖城市群无论是府际合作总水平得分，还是五个领域合作水平的单项得分，均排名靠后，反而差异最大的武汉城市圈府际合作水平的得分与环长株潭城市群不相上下。以上数据资料表明，经济高度趋同可能引发的同质化竞争不利于合作的深入。

表 4-2　2007—2017 年长江中游城市群内
三大主体城市群经济发展水平差异比较

城市群	GDP 总量差异系数	人均 GDP 差异系数	GDP 增速差异系数
武汉城市圈	1.6053	0.4482	0.0037
环长株潭城市群	0.7973	0.4193	0.0046
环鄱阳湖城市群	0.6504	0.4178	0.0015

数据来源：根据 2008 年至 2018 年《湖北统计年鉴》《湖南统计年鉴》《江西统计年鉴》的数据计算得出。

---

① 龚胜生，张涛，丁明磊，梅琳，吴清，葛履龙，储环 . 长江中游城市群合作机制研究 [J]. 中国软科学，2014（1）：96-104.
② 锁利铭 . 跨省域城市群环境协作治理的行为与结构——基于"京津冀"与"长三角"的比较研究 [J]. 学海，2017（4）：60-67.

（三）中心城市主导力

"中心性"是城市群的基本特征之一。国际和国内有竞争力的城市群都有一个或几个中心城市。中心城市如同城市群的引擎，其带动作用的大小决定了府际合作的广度与深度。公共选择学派的研究表明，小城市为了降低服务成本和达到规模效应，有着与中心城市合作的强烈动机。国内学者也指出，在"群龙无首"的城市群，地方官员会相互较劲争当老大，而无暇关注产业协同和区域合作。[①]从长江中游城市群内部次区域合作情况来看，三个主体城市群的中心城市综合实力存在差异，南昌市的人口规模和 GDP 总量均远远低于武汉市和长沙市，2007 年 2017 年间，南昌市 GDP 总量均值为 2666.32 亿元（2007 年不变价格），是同期长沙市 GDP 均值的 60.38%，为武汉市同期均值的 43.77%；南昌市常住人口平均为 506.19 万人，是同期长沙市常住人口总量的 70.87%，为武汉市常住人口的 50.74%，这在一定程度上影响了其辐射带动能力，使得环鄱阳湖城市群的府际合作水平低于武汉城市圈和环长株潭城市群。而在整个长江中游城市群区域，由于缺乏像上海、北京和广州一样的中心城市，区域合作程度低于长三角城市群、京津冀城市群和珠三角城市群。由此可见，城市群内中心城市主导力越强，城市群府际合作水平越高。

二、合作收益

政府间关系的内涵首先应该是利益关系，[②]城市群内的地方政府具有"经济人"的特性，选择合作策略的根本原因是为了获取自身独自发展而无法取得的利益。共同利益是府际合作的必要条件而非充分条件。有研究指出，即便各方拥有共同利益，也不能保证合作一定会成功（Keohane，1984）。[③]除共同利益外，合作的成功还需要具备两个条件，即合作收益要大于合作成本和合作收益得以均衡分配。[④]

①　周黎安.晋升博弈中政府官员的激励与合作——兼论我国地方保护主义和重复建设问题长期存在的原因 [J].经济研究，2004（6）：33-40.

②　谢庆奎.中国政府的府际关系研究 [J].北京大学学报（社科版），2000（1）：26-33.

③　Robert O. Keohane. After Hegemony：Cooperation and Discord in the World Political Economy[M]. Princeton：Princeton University Press，1984：12.

④　王玉明.城市群府际环境合作：影响变量与形成逻辑 [J].湖北经济学院学报，2019（2）：46-55.

（一）共同利益

任何组织都有一个特有的目标，即增进其成员的利益，湘鄂赣三省联合打造的长江中游城市群也不例外，其目的是为了增进成员的共同利益。具体而言，这一共同利益主要体现在三个方面：一是赢得参与全国乃至全球市场竞争的区域优势。对于城市群内的单个成员来讲，其拥有的资源禀赋存在差异性和有限性，通过彼此的资源交换与共享，相互取长补短，可以形成区域整体优势和竞争力，吸引全国乃至全球优质生产要素的流入，而合作成员借此可以获得更多的发展机会和更强的竞争力。二是实现区域性公共产品和公共服务的有效供给。部分公共产品，特别是公共基础设施具有规模经济效应，其最优供给可能跨越多个行政区划，要求多个区域联合供给。环境保护等公共产品具有较强的外部效应，由于产权的公共性，需要相关地方政府间的协调。部分突发事件，如打击犯罪、传染病防治等也超出了单个政府的地域范围，要求多个成员联合起来共同应对。加强区域合作，有助于提高地方公共服务的质量，改善公众的生活品质。三是赢取上级政府的政策资源。为了推动区域经济的发展，中央采取了"以利诱之"的激励措施，通过配套的优惠政策来促进地方的横向联合。正所谓"众人拾柴火焰高"，地方政府联合推出区域一体化的方案，如若通过集体游说能使区域发展成功上升到国家战略层面，就意味着争取到了中央的资金和政策扶持，并且获得了更多的自主管理权限和制度创设权限，从而步入发展的快车道。长江中游城市群的府际合作正是上述共同利益驱动下的产物。这也决定了府际合作的范围是有限度的，只能发生在各方能够实现共赢的领域，而超出共同利益的事项则不在合作范围之内，如争优评先和职位晋升，此时地方官员面临的是"你进我退"的零和博弈，一方获得机会，就意味着其他成员丧失机会。[①] 合作会被竞争取代。而在现行的政绩考核制度下，评价地方官员政绩的依据是辖区的经济与社会发展指标，这使得地方政府在做出策略选择时会将当地的发展放在首位，而置区域利益于不顾。

（二）合作预期收益率

制度性集体行动理论认为，只有在合作收益大于合作成本时，地方政府

---

① 周黎安．晋升博弈中政府官员的激励与合作——兼论我国地方保护主义和重复建设问题长期存在的原因 [J]．经济研究，2004（6）：33-40．

的自主合作才会发生。①作为理性的"经济人"，地方政府是根据预期的收益率来决定是否参与合作以及参与合作的深度。合作项目的预期收益率越高，地方政府参与合作的积极性越高。然而在区域合作这一复杂情境中，成本与收益的度量有时十分困难。对地方政府而言，合作需要付出的成本以及选择合作的机会成本相对容易进行估算，但某些情况下，合作收益却常常难以准确预计，这导致地方政府在不同合作事项上表现出的热情程度不一致。长江中游城市群基础设施互联互通和旅游产业协同发展的进展相对较快，三省围绕共建国家综合运输通道、综合交通枢纽和大宗战略物资集散中心，搭建合作发展平台，交通部门启动了省际公路联网工程。②究其原因在于此类项目受益指向性比较明确，投入的成本和获得的收益都是可预期的。但一旦涉及产业布局一体化和流域治理这类深层次问题时，合作便会受阻，原因在于此类合作的成本收益无法明确。以产业合作为例，尽管各地都能认识到产业结构雷同对彼此的长远发展不利，分工合作才是理性的选择，但各地都无法准确预计放弃现有产业安排之后能够给自己带来多少的分工收益，为了避免损失的最大化，地方政府倾向于选择规避风险。在流域治理的问题上，存在着严重的成本收益不对称现象，开展水污染治理行动，地方需要支付成本，但收益却是共同的，即使自己选择合作，也要为他人的破坏行动支付成本，因此地方政府积极性不高。这一状况在长江中游城市群的府际合作中也有体现，如三省多处省界水体污染问题至今未得到有效解决，湖北与湖南交界的黄盖湖农场（铁山咀）、界溪河、沧水沙溪坪（乌溪沟）、牛浪湖和洞庭湖出口城陵矶段，江西与湖南交界的萍水枧头洲（金鱼石）段等断面水质监测结果常常劣于Ⅲ类标准。长江中游城市群内鄱阳湖、洞庭湖和洪湖等重要湖泊水质状况均为Ⅳ类，仙女湖水质状况为Ⅴ类，大通湖水质为劣Ⅴ类。③

———————

①　Feiock R，Scholz J. Self-Organizing Governance of Institutional Collective Action Dilemmas: An Overview [A]. Richard C. Feiock，JohnT. Scholz，eds. Self-organizing Federalism：Collaborative Mechanisms to Mitigate Institutional Collective Action Dilemmas [C]. New York：Cambridge University Press，2010.

②　秦尊文，彭智敏，张静. 中三角蓝皮书　长江中游城市群发展报告（2017）[M]. 北京：社会科学文献出版社，2017：136.

③　数据来源：《2017 年中国生态环境状况公报》。

（三）利益分配的均衡性

合作收益如何在成员中进行合理分配是府际合作中需要解决的一个关键性问题，它决定了合作是否具有可持续性。由于各地基础条件和资源禀赋存在差异，在合作中所获取的回报率也各不相同。中心城市往往可以凭借良好的基础或先发优势获得更高的回报，而落后城市则因为基础较差或资源匮乏只能获得较少的收益，这种利益分配不均衡的状况会使落后城市丧失合作热情，选择"搭便车"策略。[①] 城市群内部越协调越均衡，发展的活力和后劲就会越足。以武汉城市圈的府际合作为例，从人口规模和经济总量上看，武汉市在城市圈中的首位度高于长沙市在环长株潭城市群中的首位度，然而，前文测度的结果显示，2013 年之前，武汉城市圈的府际合作总体水平落后于环长株潭城市群，其中很重要的一个原因就是武汉市"一市独大"，各种优质要素向武汉集中，致使区域内各地受益不均衡，影响了部分成员的合作积极性，导致合作水平受到影响。后期，随着黄冈等相对落后城市承接武汉市的产业转移，再加上公共服务资源的共享，合作收益分配不均衡的状况得以改善，城市圈的府际合作水平才有了较快的提升。

三、合作制度

地方政府间的合作是一种制度性的集体行动，[②] 特定的制度框架限制了地方政府行动策略的选择集，它通过奖惩机制为地方政府提供了一种激励结构，同时为各地提供了何者可为、何者有利可图以及他人将如何行动的信息。长江中游城市群内的地方政府就区域合作出台的地方性法规与规章、区域规划和合作协议等共同构成了约束合作行为的基本制度安排，这些制度既是府际合作的重要成果，反过来又为府际合作提供了有力保障。它们将地方政府间利益关系加以固化，增加了合作成员对合作收益的预期，促进了合作。

（一）地方性法规与规章

地方性法规与行政规章是法律法规的重要组成部分，在正式制度体系中

---

① 王玉明. 城市群府际环境合作：影响变量与形成逻辑 [J]. 湖北经济学院学报，2019（2）：46-55.

② 理查德·C·菲沃克. 大都市治理：冲突、竞争与合作 [M]. 斯蒂芬妮·波斯特. 大都市地区治理与制度性集体行动，许源源，江胜珍译，重庆：重庆大学出版社，2012：47.

权威性高、约束力强，可以有效遏制地方恶性竞争，强化区域合作。目前湘鄂赣三省已经开始采用立法手段来约束辖区内地方政府间的冲突，保障合作。如湖南省颁布了《湖南省长株潭城市群区域规划条例》《湖南省长株潭城市群区域规划条例实施细则》和《湖南省长株潭城市群生态绿心地区保护条例》等地方性法规；湖北省出台了《湖北省水污染防治条例》《湖北省土壤污染防治条例》《湖北省人大关于农作物秸秆露天禁烧和综合利用的决定》等地方性法规；江西省发布了《江西省大气污染防治条例》《江西省环境污染防治条例》等。上述地方性法规约束了各地破坏区域一体化的行为，为府际合作提供了法律保障。但由于各个城市不具备区域性立法权，当前地方性法规与行政规章在跨省府际合作上发挥的推动作用还比较有限。

（二）区域规划

区域规划是对特定地域空间的开发和建设所做出的总体部署，它为区域协同发展指明了方向，也为区域内各个地方发展规划的制订提供了依据，可以有效避免各自为政、重复建设，有利于形成分工协作、功能互补的区域发展格局。国务院发布的《长江中游城市群发展规划》为府际合作指明了总体目标任务，但总体目标的实现路径与方法等还需要地方政府进行协商，达成专项发展规划。目前长江中游城市群专项区域规划制订工作的进展相对缓慢，三省各自谋划自身的经济社会事业发展，不利于整体效应的形成。以综合交通运输网络建设为例，尽管近年来城市群的高速公路和铁路大通道已经基本形成，但城市群内城际交通、城市交通的对接工作仍待加强。究其原因在于各地在制定综合交通运输发展规划时缺乏统筹协调，没有形成区域层面的整体规划，这阻碍了城市群交通运输体系的优化。①

在长江中游城市群内的环长株潭城市群，地方政府高度重视区域规划编制工作，目前已经初步形成了全方位、多层次的规划体系。该体系主要由以下四个部分组成：一是城市群区域规划。自 1998 年以来，湖南省政府先后出台了长株潭"五同"网络规划、"十五"规划、"十一五"规划、"新五同"规划、"十二五"和"十三五"规划，根据经济社会发展形势的变化对区域规划实施动态调整，区域规划对城市群发展起了统筹指导与协调的作用；二是城

① 周正祥，毕继芳 . 长江中游城市群综合交通运输体系优化研究 [J]. 中国软科学，2019（8）：66-76.

市群专项规划。自 2002 年以来，湖南省政府编制了《长株潭产业一体化规划》《湖南省 3+5 城市群城镇体系规划》《长株潭城市群信息同享规划》《长株潭城市群环境同治规划》等 20 多个专项规划。三是示范区规划。如《长株潭国家自主创新示范区发展规划纲要》。四是市域规划。省政府要求城市群内各市县编制实施方案和下位规划。在制定多层次区域规划的同时，省政府又通过区域规划条例和实施细则确保了规划的权威性，使环长株潭城市群的区域一体化工作得以有序推进，府际合作综合水平在长江中游城市群内靠前。这表明，有约束力的区域规划在府际合作中可以发挥有效的引导作用。

（三）合作协议

行政合作协议是城市群内地方政府就区域性公共事务在平等协调基础上达成的契约。[①] 它是当前府际合作集体行动最常用的工具之一。从理论上讲，合作协议一经签署便产生了法律效力，要求缔约方严格履行，否则将承担相应的责任。这种契约性的规范能够增进彼此信任，减少合作中机会主义行为发生的概率，降低合作的交易成本，使合作关系变得牢固和稳定。[②] 然而，当前长江中游城市群内地方政府签署的合作协议大都不是形成要素完备的正式协议，协议的签署程序比较随意，一两次会晤便可达成；协议内容比较抽象，大都只涉及合作原则和方向，缺乏关于权利和义务的约定；协议的履行程序也比较随意，拒不履行时没有相应的责任追究机制，将之称为合作意向书或共识更加贴切。由于缺乏硬性的约束，此类协议在提升府际合作水平上发挥的作用有限，呈现出"约定多、兑现少、落实慢"的局面。

四、合作组织

长江中游城市群是湘鄂赣三省的 31 个城市共同构成的一个合作组织，组织的成员规模、组织机构和成员间的社会网络等要素必然影响到合作组织整体功能的发挥。

（一）成员规模

曼瑟尔·奥尔森指出，在缺乏强制性或选择性激励时，追求个人利益最

---

① 叶必丰，何渊，李煜兴，徐健.行政协议——区域政府间合作机制研究 [M].北京：法律出版社，2010：74.

② 吴光芸，李建华.区域合作的社会资本因素分析 [J].贵州社会科学，2009（3）：10-15.

大化的理性"经济人"不会采取行动以实现他们共同的或集团的利益,小集团比大集团更容易组织集体行动,这是因为在小集团中,成员数量较少,每个成员分得的收益占总收益的比重较高,由于有利可图,集团成员会自发提供集体物品。①

长江中游城市群是地方政府基于其同利益组建的集团,而府际合作就是一项集体行动,其行动效果会受组织规模的影响。长江中游城市群的成员规模多达31个,超过了国内长三角、珠三角和京津冀城市群的成员数量,全体成员达成共识并采取联合行动的交易成本高、协调难度大。组织成员的规模决定了长江中游城市群适合采用由点带面的区域合作推进模式,通过中心城市的互联互通和省界毗邻城市的同城化来带动整个城市群的协同发展。2013年2月23日,长江中游城市群省会城市首届会商会在武汉召开,中心城市的合作启动,截至2020年底,会商会已经连续举办了八届,会商会的成员由最初的4个扩展到了16个,黄石、岳阳、九江、黄冈、株洲、抚州、咸宁、湘潭和宜春等城市都已作为观察员加入,参与省会城市重点合作事项的推广。在湖北和江西交界处,小池和九江的双边合作推进迅速,在产业协同化和公共服务同城化上已取得突破。双方多次举办小池——九江商界跨江合作考察推介会,小池的双创产业孵化器已成功引进九江的投资项目16个,协议投资10亿元的江西雄宇装配式建筑项目落户小池产业园区。②两地一同建设"一江两岸"蔬菜市场,九江市场上70%的蔬菜由小池提供。③小池与九江开通的17路公汽成为全国首条跨省公交。黄梅县与九江市可以进行医保跨省联网结算。④由此可见,受成员规模的限制,为了降低合作交易成本,长江中游城市群的次区域合作较为活跃。

(二)组织机构

城市群的府际合作关系是受协商与竞争动力支配的对等权力分割体系。⑤

---

① 曼瑟尔·奥尔森.集体行动的逻辑[M].陈郁,郭宇峰,李崇新译.上海:格致出版社,1994:28-29.

② 数据来源:湖北省发展改革委员会地区经济处2019年总结材料。

③ 欧阳水平.小城镇大改革的"湖北样本"[N].黄冈日报,2018-12-17.

④ 数据来源:湖北省发展改革委员会地区经济处总结材料。

⑤ 理查德·D·宾厄姆.美国地方政府的管理:实践中的公共行政[M].九州译.北京:北京大学出版社,1997:162.

合作成员互不统属，需要一个强有力的协调控制中心来维持组织的正常运转，否则，会出现各自为政的无序状态。当前，长江中游城市群府际合作组织松散，主要依托省际联席会、省政府部门联席会和城市会商会等组织机制开展工作。上述各类府际联席会从本质上看只是一种定期的协商机制，只享有区域公共事务的决策权和协调权，没有控制监督权，无法对合作行动进行跟踪推进；也没有固定的人员、机构和经费，不便于日常工作的开展。[①] 为了解决合作组织松散问题，长江中游城市群省会城市联合设立了城市合作秘书处，该机构于 2015 年 6 月 16 日在武汉市发展改革委员会挂牌。但该机构采用非合署办公的方式，由四市发改委相关人员通过定期召开会议的方式开展工作。从其目前的工作内容来看，主要负责起草会商会的合作重点事项和相关协议文件，在协调推动合作事项落实上尚未有效发挥作用。强有力合作组织机构的缺乏给长江中游城市群区域规划和合作协议的落实带来了不利的影响。

（三）信息交流

信息交流是府际合作组织的一个重要构成要素。它是组织成员产生合作意识、达成合作共识的前提条件。信息交流能够增进合作成员的彼此了解与信任，从而培育互惠规范；信息交流能够帮助成员掌握其他成员的行为动向并及时调整自身的策略；信息交流还能降低合作交易达成前和交易执行过程中的信息收集成本，进而提高合作收益。地方政府间横向合作交流的正式渠道主要有两种，一种是府际联席会议，另一种是信息平台。两种交流渠道各有利弊，府际联席会议便于开展深度交流，但交流时间和信息数量受限；信息平台打破了时空的限制，交流面广，沟通及时，但针对性和深度不够，两者可以互相补充。由于城市群中的合作成员分布广、数量多，合作领域广泛，涉及的信息也比较复杂，充分利用信息技术开展交流是未来必然的发展趋势。从长江中游城市群府际合作的信息交流渠道来看，在府际联席会议机制的设计上与长三角和珠三角等城市群的差异不大，但在信息平台建设上明显落后，长三角城市群有"中国长三角网 (http://www.china-csj.org.cn/)"，珠三角城市群有"泛珠三角合作信息网（http://www.pprd.org.cn/）"，而长江中游城市群目前没有跨省的统一信息交流平台，不利于合作的开展。在长江中游城市群内

---

① 杨龙，郑春勇. 地方政府间合作组织的权能定位 [J]. 学术界，2011（10）：18-25.

部，环长株潭城市群的府际联席会议机制和信息平台（http://www.czt.gov.cn/）
建设较为完备，对区域合作起到了推动作用。

第三节　一个典型案例：小池—九江跨江跨区合作

当前长江中游城市群内部小圈群的府际合作交流十分活跃。各个小圈群
的府际合作行动均是多种内外部因素共同作用的结果，通过对其中典型案例
的考察，可以探究影响因素的作用机理。本节将对"小池—九江跨江跨区合
作"案例进行深度剖析，旨在进一步解释说明内外部因素如何共同作用进而
影响并决定合作进程。

一、城市概况

（一）小池概况

小池镇隶属于湖北省黄冈市黄梅县，位于湖北省东南部，地处鄂赣皖三省
交界处，与江西省九江市浔阳区隔江相望，是湖北省经济特区城镇、副县级镇，
被称为"鄂东门户"。小池镇面积 153.8 平方公里，下辖 57 个村（居）委会，
人口约 12 万。该镇有着得天独厚的区位优势，105 国道、沪蓉、福银高速公路
穿境而过，京九、合九铁路在此处交汇，两座长江大桥飞架天堑，水路临江达
海，空运毗邻九江机场，素有"九省通衢"、商贸旅游"金三角"之称。①

（二）九江概况

九江市隶属于江西省，位于江西省最北部，地处长江、京九铁路两大经
济开发带交叉点，是长江中游地区中心港口城市、中国首批五个沿江对外开
放城市之一，也是东部沿海开发向中西部推进的过渡地带，有"江西北大门"
之称。全市面积 19084.61 平方公里，下辖浔阳、濂溪、武宁、修水、庐山等
多个区（县/市），全市总人口为 492.03 万人。九江市被定位为鄱阳湖生态经
济区建设新引擎、中部地区先进制造业基地、长江中游航运枢纽和国际化门
户、江西省区域合作创新示范区。根据 2014 年江西省新型城镇化规划，九江

---

① 黄梅县人民政府.湖北小池滨江新区概况 [Z/OL]. 黄梅县人民政府网站，[2019-04-29].
http://www. hm. gov. cn/art/2019/4/29/art_17411_928173. html.

都市区是江西省重点培育和发展的三大都市区之一。[①]

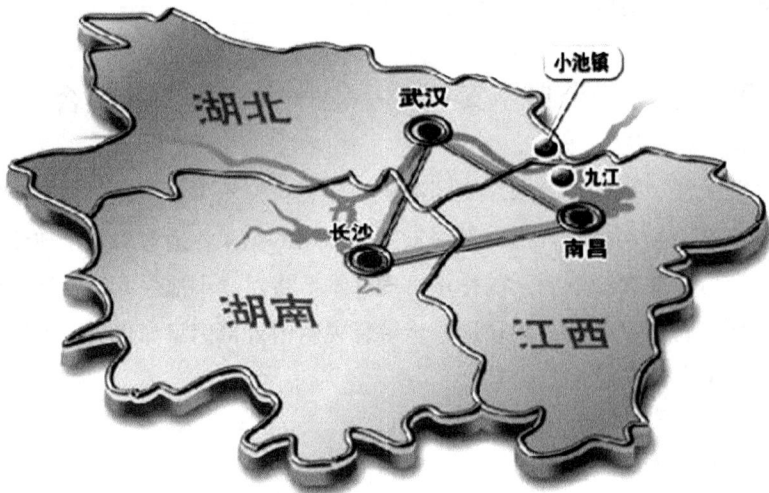

图4-1 小池—九江区位示意图

资料来源：姚德春，沈文．湖北将打造黄冈小池镇成"经济特区"[N]．长江商报，2012-9-8.

二、合作历程与成效

（一）合作历程

1. 合作的酝酿。2011年8月，时任湖北省委书记李鸿忠提出把小池按照九江的一个区来建设的思路，小池与九江的跨行政区合作由此被提上了日程。2012年6月，湖北省委省政府将小池开放开发上升为省级战略，召开现场办公会，发布了《关于加快推进黄梅小池开放开发的意见》，明确提出小池开放开发要"借九江发展之势，在城镇规划、产业发展、基础设施和市场建设等方面全面对接，形成互利共赢、共同发展的新格局"。主动对接九江，合理布局城市空间，把小池作为九江市的江北新型功能区，融入大九江城镇体系。

2. 合作的开启。2012年11月，黄冈市与九江市签订了《关于推进跨江跨区合作开发框架协议》，就两市跨江跨区合作开发达成共识。两市同意将黄梅

---

① 九江市委市政府．九江概况[Z/OL]．九江市委市政府门户网站，https://ww. jiujiang. gov. cn/zjjj/.

县小池镇乃至整个黄梅县纳入大九江市城市发展、产业发展的总体规划进行设计，共同规划统筹、争取上级支持，着力实现"规划一体布局、空间一体延伸、基础设施一体对接、产业一体布局、公共服务一体优化"等"五个一体"目标。该项行政合作协议的签署标志着两地府际合作的正式启动。①

3. 合作的发展。自 2012 年合作开发框架协议签署以来，围绕两地跨江跨区合作开发，不同层级的府际交流合作紧锣密鼓地展开。2013 年 6 月，湖北、江西两省发展和改革委员会签署了《关于共同支持九江市与黄冈市跨江合作的框架协议》，进一步明确了共建共享的合作领域，提出大力推进合作发展，携手共促小池滨江新区开放开发，共同打造长江中游城市群重要节点，促进区域经济快速发展。2014 年 7 月，九江浔阳区党政代表团赴黄梅小池考察，双方签订了浔阳——黄梅两地《关于深入推进跨江跨区合作开发框架协议》。省、市、县（区）三级跨江跨区合作开发框架协议的签署为合作奠定了法律基础和政策依据，两地的合作自此全方位展开。

（二）合作的成效

1. 两地发展规划已纳入一体化布局。2013 年 3 月，黄冈市与九江市规划局签订了黄梅小池对接九江规划的合作协议，双方一致同意将小池作为九江市的江北新型功能区，融入"大九江"城镇体系和城市总体规划。此后，九江市委托中科院南京地理与湖泊研究所编制的九江市沿江开放开发总体规划将小池纳入其中，将原有的"T"字型发展格局向北延伸成"十"字型发展格局。

2. 基础设施互联互通工作快速推进。为了加强两地的合作交往，省政府层面大力推进交通基础设施的互联互通。在铁路建设方面，鄂赣两省共同推动了武九客专等铁路建设，进一步缩短了两地的时空距离；在公路建设方面，鄂赣两省共同打通了杭瑞、大广、福银高速三条连接通道，进一步完善了两省交通网络；在过江通道建设方面，鄂赣两省共同建设了两地资源合作的"连心桥"——九江长江公路大桥。② 2020 年 3 月，九江至黄梅过江通道和九江长江过江隧道项目被纳入国家发展改革委员会发布的《长江干线过江通道布

① 九江市商务局．关于政协九江市第十五届委员会第四次会议第 20190564 号提案的答复 [Z/OL]．九江市商务局网站，[2020-01-06]．http://jiujiang. gov. cn/zwgk_213/zxjg/jytabl/202001/t20200106_3057308. html.

② 张志勇．同饮长江水　赣鄂一家亲——江西湖北两省合作述评 [N]．江西日报，2015-5-5.

局规划》，计划在"十四五"期间开工建设。①

3.产业合作取得实效。早在 2014 年 7 月，九江市浔阳区与黄梅县达成共识，共同签订了《关于九江浔阳（小池）工业园合作开发协议》，在小池临港产业园中规划了一块"园中园"——浔阳（小池）工业园，占地 1000 亩，用于发展飞地经济，承接九江的产业。根据协议，工业园采取合作共建模式，浔阳区、黄梅县双方政府根据政府引领、市场运作，优势互补、共建共管，做强工业、做大产业，不求所有、但求所在等原则，签订全面合作协议，在园区规划设计、基础投入、开发建设、运营管理、产业招商、项目落户等方面进行分工协作。目前已有江西雄宇装配式建筑项目、九江津晶城市科技园计划等多个项目落户小池产业园。

4.市场一体化成效凸显。目前两地已在人力资源市场一体化和农产品市场一体化建设上取得了实质性进展。在农产品流通方面，2016 年，两地签订浔阳区白水湖蔬菜中心和小池中部农产品物流港农副产品购销协议，积极构建"一江两岸"共同蔬菜市场。九江市目前各大超市的生鲜采购地均以小池为主。2018 年黄梅水菜在九江年交易量 29450 吨，年交易额达到 8835 万元，占蔬菜区总交易量的 12%。② 在共建人力资源市场上，2017 年 5 月，九江市就业局与黄冈市就业局签订了人力资源合作协议书，约定从以下四方面着手，建立合作长效机制：一是共同搭建区域人力资源合作交流平台；二是充分利用信息网络，构建信息交流平台；三是加强双边洽谈，定期或不定期组织召开大型招聘会；四是建立工作交流制度，积极协调有关部门切实保障用人单位和劳动者的合法权益。2017 年九江市民营企业招聘周期间，特邀黄冈市部分企业参加；2018 年，九江经开区汽车工业园、九江城西港区在黄梅招聘点共组织五场招聘会，吸引近 800 人参加。2020 年 4 月，黄冈市人社局与九江市人社局在黄梅县小池镇签订了两岸"劳务协作框架协议"，共同约定继续加强两地人社部门劳务合作，动员更多民营企业参与两地各类招聘会，完善劳动力输入输出精准对接机制，共同引导两地劳动者跨江流动，建立"跨江劳

---

① 九江市发改委交通科.九江与黄冈跨江跨区合作迎来新机遇 [Z/OL].九江市发展改革委员会网站，[2020-08-31]. http://fgw.jiujiang.gov.cn/zwzx_205/gzdt/202008/t20200831_4526600.html.

② 九江市商务局.关于政协九江市第十五届委员会第四次会议第 20190564 号提案的答复 [Z/OL].九江市商务局网站，[2020-01-06]. http://swj.jiujiang.gov.cn/zwgk_213/zxjg/jytadl/202001/t20200106_3057308.html.

务市场共同体"。

5.公共服务同城化有序推进。当前小池与九江在公共交通、医保结算、住房公积金互认和基础教育等领域的合作已经全面铺开。目前九江与小池之间已经有了两座过江大桥。黄梅县与九江市人民医院、九江市171医院签订医保跨省联网结算协议，171医院成为湖北首家跨省报销定点医院，每年在九江市就医涉及的医保结算支出超过1亿元。①两地在教育领域的合作交流日益紧密。九江东风小学与小池滨江新区第三小学等学校间的互访考察不断，共同商讨确立了互派教师观摩学习、体育友谊比赛、结对学术研讨活动等多种校际合作交流形式。②

6.政务服务一体化机制建设取得突破。当前两地正在积极探索政务服务跨省通办、多地联办新机制。2020年11月25日，黄冈市与九江市、黄梅县与浔阳区在九江市共同签订了两岸四地的政务服务"跨省通办"合作协议。按照合作协议，双方将在明确通办事项、建立疑难会商机制、统一办理标准、推动数据共享等四个方面进行重点合作。同时，双方还将根据群众办事需求和实际情况，在两地四个政务服务大厅开设线下"跨省通办"专窗，并在政务服务专网上开通线上"跨省通办"服务专栏，实行"收受分离、两地互认、异地代收"的办事模式，逐步实现更多事项"跨省通办"。③

三、合作影响因素分析

（一）外部环境因素

1.国家战略的政策机遇。在中央层面，2012年8月，《国务院关于大力实施促进中部地区崛起战略的若干意见》中明确提出，"鼓励和支持武汉城市圈、长株潭城市群和环鄱阳湖城市群开展战略合作，促进长江中游城市群一体化发展。"小池和九江正好处于武汉城市圈和环鄱阳湖城市群的结合部，两地合作成为探索长江中游城市群合作先行先试的切入点。2014年9月，长江经济带正式上升为国家战略，这为包括小池和九江在内的长江沿岸城市区域发展

---

① 数据来源：湖北省发展改革委员会地区经济处总结材料。

② 赵展鹏.跨江合作　校际交流——湖北小池滨江新区学校与江西省九江东风小学结对学术研讨[N/OL].搜狐网，[2020-11-23].https://m.sohu.com/a/433673387_387175/.

③ 田甜.我市与九江签订"跨省通办"合作协议[N/OL].黄冈新闻网，[2020-11-27].http://www.hgdaily.com.cn/w/3/ciye/4O19698O262353O0O1.html.

提供了巨大的政策支持。2015 年 4 月《长江中游城市群发展规划》的发布又为两地合作释放了新一轮的政策红利。

2. 省级战略的政策驱动。在省政府层面，2010 年 8 月，《湖北长江经济带开放开发总体规划（2009—2020）》将小池镇列为重点建设的临江城镇。2012 年 7 月，湖北省政府发布了《湖北长江经济带"十二五"规划》，明确提出"推动跨江联合开发；加快推进黄梅小池开放开发，积极对接九江，加强与九江跨区域合作"。2014 年 10 月，江西省政府发布《昌九一体化发展规划（2013-2020）》，该规划提升了九江地区发展的战略地位。小池—九江地区正好是两大省级战略的连接点，备受鄂赣两省的关注，在省级战略的驱动下，两地跨江合作驶入快车道。

3. 外部竞争压力。九江是一座有着两千多年历史的古城，早在 19 世纪 60 年代就开埠通商，成为经贸中心和工业中心。[①] 然而改革开放后期其增长放缓，在江西省内的经济地位有所下降，以 GDP 为例，2012 年九江的 GDP 只有南昌市的 47.33%，低于赣州市。只有加快城市发展，才能缩小九江与长江中游武汉、长沙和南昌等主要城市的差距，而加强区域合作与交流无疑是使九江成为长江中游城市群重要中心城市的必然选择。地处鄂赣皖三省交界处的小池同时也是各经济区的边缘地带，面临交通节点不联动、公共设施配套不完善和工业经济落后等现实问题，[②] 2012 年财政收入仅约 1 亿元，[③] 小池镇必须借助外力、引入资源，才能形成区位优势，改变自身落后的面貌。外部的竞争压力使得两地积极谋求合作。

（二）内部条件因素

从内部条件来看，小池—九江的跨江合作既有强劲的动力，同时也面临不容忽视的阻力。

1. 内部动力因素

（1）便利的自然地理条件

小池镇与九江市的自然地理位置毗邻，两地仅有一江之隔，城际距离约

① 方良.九江经济发展的历史经验 [J].九江师专学报（哲学社会科学版），1992（4）：64-68.
② 陶德凯，林小如，黄亚平.同城化视角下湖北小池空间优化策略研究 [J].城市规划，2016（2）：40.
③ 柯善北，吴文杰，黎洪永，邹斌，张昭.小池放飞大城梦 [J].中华建设，2013（9）：13.

10公里。万里长江与京九铁路在此交汇，交通便利。九江长江大桥犹如一条纽带，将两地紧密地联系起来。在九江长江大桥未开通公交车之前，小池与九江之间，每天都有渡船对开。2000年全国首条跨省城镇公交——九江至小池镇公交开通之后，两地交通更加便利。相邻的地理位置降低了两地间人流、物流与资金流的成本，密切了城市间的联系。

（2）深厚的人文历史渊源

自秦朝开始，在长达近两千年的历史长河中，小池一直隶属于九江，两地同属一个行政区，民间往来频繁。直到1936年，当时的国民政府为了防汛需要，以"长江为界"重新划定鄂赣省界，才将处在江北的小池从九江划分出来，归入到江北的黄梅县，两地建制分离至今不到90年的时间。小池和九江的语言文化也一脉相承，小池方言与九江话按照方言划分同属江淮官话黄孝片。两地文脉相通、联系紧密，自古以来就一直流传着"一个九江城、半城黄梅人"的说法。共同人文历史为合作奠定了良好的社会基础。

（3）互补的资源禀赋

小池镇北依大别山，南临长江，处于大别山向长江冲积平原的过渡地带，地势平坦，适宜进行大规模的开发建设。然而，作为一个小城镇，小池自身的人口与经济规模有限，产业基础较弱，缺乏龙头企业，迫切需要借助外部资源来提升自身的发展水平。九江北临长江，东南靠庐山和鄱阳湖，西临赛湖和百里湖，形成了自然山水合围的地势，发展空间比较有限，九江迫切需要通过产业转移来突破土地资源不足的困局。跨江发展可以破解九江城市空间发展受限的瓶颈，为其发展提供新的空间，有利于提高九江市场竞争力，将自身打造成为区域中心城市。资源的差异性与互补性为合作创造了物质基础。

2. 内部阻力因素

（1）合作主体地位的不对等

从行政级别上看，小池是副县级城镇，而九江市是地级城市。行政级别的不对等阻碍了两地领导人间的直接对话交流，相关合作事项的协商谈判与签约需要通过对等的黄冈市政府与九江市政府或黄梅县政府与九江市浔阳区政府来完成，沟通链的加长无疑会影响信息交流的时效性和准确性，增加合作的信息成本。与此同时，由于行政级别的差异，两地行政管辖权大小不同，各自掌握的经济、政治和社会资源等也各不相同，这使得两地在合作体系中拥有的话语权大小不一。九江市凭借其较高的行政地位，在向省级政府和中央政府申请财政资金、建设项目和政策支持时享有优先权，而小池镇由于行政级别过低，很难有较大的作为。

（2）合作意愿的不对等

小池作为小城市在向大城市九江靠拢的过程中，可以获得更大的农产品销售市场，并且承接九江的产业转移，获得较多的收益。因此，小池对合作保持着高度的热情。以产业领域的合作为例，小池本着"不求所有、但求所在"的原则，宁愿牺牲部分地方财政收入，在临港产业园中按审批地价为浔阳区提供土地，并负责园区外围基础设施建设与治安管理，与浔阳区共建产业园，看重的是"飞地经济园"为当地带来的经济发展机遇及提供的就业机会。而九江市在制定城市发展战略时则更加倾向于与南昌协同发展，因为南昌作为省会城市具有独特的区位优势，拥有技术、人才、资金和平台等诸多优质资源，可以为其带来更多发展机遇和政策红利。因此，相对而言，九江市对跨江跨区合作的积极性明显低于小池镇，两地合作呈现出一定程度的"剃头挑子一头热"的局面。

（3）行政区划带来的体制壁垒

小池与九江分属不同的省份，由于行政区划分割而形成的体制壁垒使得两地各自为政的发展，制约了区域一体化进程。以路桥收费为例，黄梅县以及黄冈市建议九江市向省里提出建议，取消长江一桥两地牌照车辆收费。从沟通的结果来看，省级双方未能达成完全一致的意见。目前九江长江一桥仅对通行九江市（含浔阳区、濂溪区、开发区、柴桑区）和黄梅县（含龙感湖）区域的公交车、出租车实行免费通行。对湖北邻近县（黄梅县、武穴市、蕲春县）到九江市（含浔阳区、濂溪区、开发区、柴桑区）的7座以上固定班线客车，按实际通行次数3折优惠。而集装箱车辆收费，参照高速公路优惠政策执行。从两地的空间对接规划实施状况来看，九江建设呈现出的仍然是沿昌九走廊和沿长江的"T"字形架构。

（4）有效协调机构的缺乏

早在2012年，黄冈与九江签订的跨江跨区合作开发框架协议中就已约定：由浔阳区和黄梅县人民政府牵头，共同成立浔阳区——黄梅县跨江跨区合作协调理事会，协商议定两地合作的重大事项、重大决策、重大项目等。同时，各自成立办事机构"跨江跨区合作对接办公室",设在两地发改委(局),负责具体工作的对接、协调、督促和落实。但从合作实践来看,目前跨江跨区合作开发仍然是依靠省、市、县(区)三级联席会议来加以协调。由于面临权力来源、资金保障、人员组成、办公场地及运作机制等一系列复杂问题,实体性的府际协调机构建设尚未取得实质性的进展。因为缺乏有效的机构,签署的合作协议难以落实推进,"飞地工业园"的打造工作推进较为缓慢。

四、小结

由此可见,小池—九江跨江跨地合作发展的内外部动力与阻力兼具,资源禀赋的差异性使两地产生了合作的内在需求;毗邻的地理位置、便利的交通以及深厚的人文历史渊源为合作奠定了物质与文化基础;上级政府的战略支持为合作提供了强大的外部动力。但由于行政地位的不对等,两地拥有的资源多寡不一,从合作中获益的程度存在差异,导致合作意愿不对等,呈现出"一冷一热"的局面。再加上行政区划带来的体制壁垒和正式协调机构的缺失,使得合作难以向纵深发展。上述各种内外部动力与阻力因素相互作用,共同影响并决定了该区域府际合作的讲程。

第四节　结论

综上所述,城市群内的府际合作行为受到多种内外部因素的影响。地方政府并非完全理性的"经济人",同时也是"政治人"和"社会人",除了考虑地方经济利益之外,还要权衡中央政策偏好,回应社会各方诉求,在借鉴创新中增进包括政治利益、经济利益和社会利益在内的地方利益。城市群内部的地区特征、合作成员规模、合作组织机构、合作制度与合作利益等都会对合作行动产生影响。对于地方政府而言,只能在复杂的环境中对不确定性的成本与收益进行评估,并由此做出于己有利的选择。当预期成本大于收益时,地方政府会选择背离合作,而当预期收益大于成本时,便会积极参与合作。各种内外部因素对城市群府际合作行为的影响逻辑模型如下图4-2:

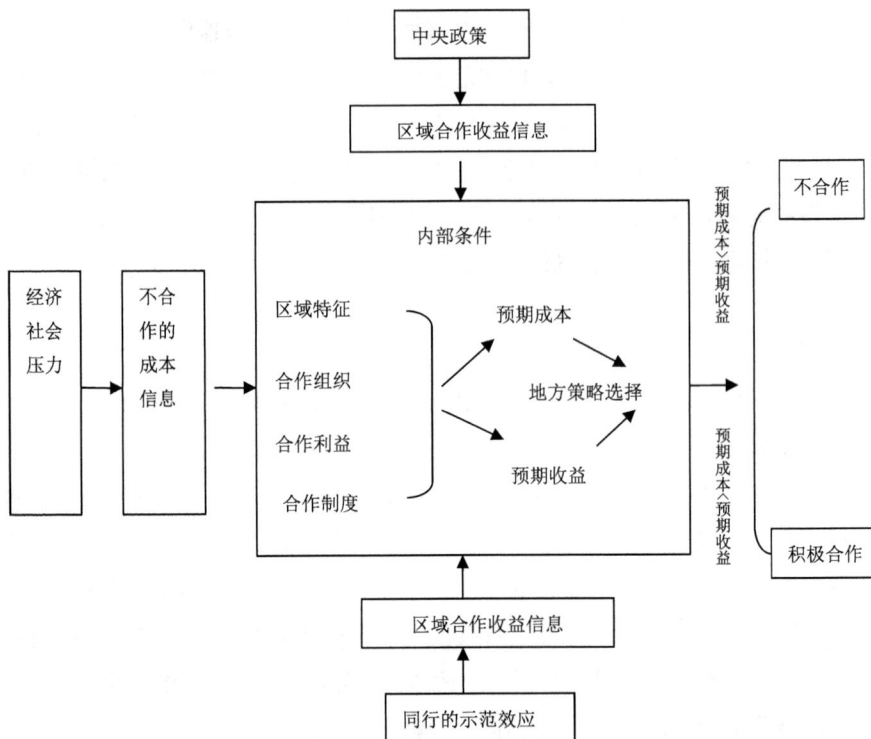

图4-2：内外部因素对城市群府际合作行为的影响逻辑模型

　　从外部环境看，中央的区域发展战略在诱导和推动长江中游城市群府际合作上发挥了重要作用，但由于缺乏有效监督约束手段，该类政策的激励效应呈现出递减的倾向。与日俱增的经济社会发展压力迫使长江中游城市群内的地方政府积极谋求合作，借助优势互补和规模经济来提升自身的竞争力，有效回应社会公众的需求。国内其他区域府际合作的成功经验产生了积极的示范效应，提高了长江中游城市群内地方政府对合作收益的预期。从内部条件上看，长江中游地区发达的交通网络降低了府际合作的交易成本，共有的山水资源强化了各方的利益纽带，共同为府际合作水平的提高创造了优越的自然地理条件。但中心城市辐射带动能力不足和各地经济同质化竞争制约了府际合作水平的提高。与此同时，合作组织权能不足、信息交流平台不完善、专项区域规划缺失和利益分配机制不健全等因素降低了地方政府对合作的预期收益，阻碍了城市群府际合作水平的提高。因此，长江中游城市群府际合

118

作水平的提升需要从多方面入手。中央政府应充分发挥政策诱导与规范作用，除利用区域协调发展战略引导合作外，还需创新政策工具，通过完善区域合作法律法规、建立区域合作绩效考评制度等为区域合作提供持续的动力，避免政策激励效应递减状况的发生。地方政府要避免同质化竞争，实现错位发展，优势互补。在合作过程中，可先从区域性公共服务供给和基础设施互联互通等利益相容领域入手，由易到难逐步深入。同时，重视信息交流机制、组织机构、合作制度和利益分配机制的完善，从而降低合作成本，提高合作收益。

第五章 国外城市群府际合作案例分析

伦敦大都市圈、东京大都市圈、纽约大都市圈均是高度同城化和高度一体化的城市群，这些城市群既是所在国家的政治和经济中心，也是全世界的经济、金融和商业贸易中心，被公认为世界范围内发展成熟的城市群。三大城市群在近百年漫长的发展过程中，探索出了丰富的府际合作经验。我国长江中游城市群的提出时间不长，政府之间的合作尚处于初级阶段。虽然我国与西方发达国家国情不同，但在城市群发展过程中存在一些共性问题，发达国家的府际合作经验值得进行认真总结。基于城市群府际合作实践涉及的内容十分广泛，本章将重点梳理伦敦大都市圈、东京大都市圈、纽约大都市圈这三大城市群开展府际合作的特色做法，以供长江中游城市群参考借鉴。

第一节 纽约大都市圈的府际合作

纽约大都市圈位于美国东部大西洋沿岸，起于北部的缅因州，止于南部的弗吉尼亚州，跨越了美国十个州的范围，占美国国土面积的五分之一。都市圈内拥有四十多个 10 万以上人口的城市，其中纽约、波士顿、华盛顿、费城及巴尔的摩属于特大城市，而纽约更是世界上经济最强的城市，在城市群中居于核心地位。在这个大都市区中，人口总数达到 6500 万，是美国人口总量的 20%，城市化率超过 75%。纽约大都市圈不仅是美国最大的生产基地和最大的商贸中心，也是世界上最大的国际金融中心。

一、纽约大都市圈府际合作的背景

美国联邦制特征以及"三权分立"政府构权形式，决定了包括纽约区域在内的各个政府组织体系均遵循分权传统，大都市区内各类政府在行政上相互独立、互不隶属，各自实行分治。这种碎片化的政府体系，即学者们所称的"巴尔干"现象，严重影响了美国区域的整体发展，因而美国政府一直都在探索如何通过整合的方式促进政府间的有效合作。依据组织运行方式的不同，美国大都市区政府间的整合模式大致可以分为强政府型和弱政府型两种。强政府型整合主要包括在大都市区范围内成立统一的大都市区政府和建立双层大政府体系两种方式，前者曾在 20 世纪 50 至 70 年代十分盛行，并以华盛顿大都市委员会为典型例子，后者则以 1957 年迈阿密和戴德县的市县合并为起点。在美国地方政府的自治传统以及民主自由的文化背景之下，实行强政府型整合比较困难，需要经过议会审查以及选民投票等多个程序，因此该整合模式并未得到广泛推广。美国纽约地区，其政府体系曾被许多学者认为是世界上最复杂的政府体系，[①] 早在 1898 年美国就尝试将纽约与周围的四个县联合组成大纽约政府，然而直到今天，统一、具有权威的大都市区政府也未能形成。纽约大都市圈内的府际合作主要选择了松散和非正式的合作方式，如通过跨区域的协会组织、单一功能的专门协调机构、地方政府间签订的专项协议等途径协调政府间的关系以及促进合作，从而避免了与地方政府实体及其权利发生冲突。[②]

二、纽约大都市圈府际合作实践

纽约大都市圈的府际合作体现出明显的"松散特征"，大多通过一些松散、专业性、非正式的协调机构开展府际协调，下面着重介绍三种具有重要影响力的府际合作实践。

（一）建立非官方的区域规划协会

1921 年成立的纽约区域规划协会（Regional Plan Association，简称 RPA）是纽约大都市圈内最重要的非官方区域规划组织，同时也是美国国内成立最为久远的区域规划组织。[③] 协会的规划范围跨越纽约州、新泽西州和康涅狄格

---

① 王旭. 美国城市化的历史解读 [M]. 长沙：岳麓书社，2003：305.

② 杨振山，程哲，蔡建明. 从国外经验看我国城市群一体化组织与管理 [J]. 区域经济评论，2015（4）：143-150.

③ 徐双敏，陈洁. 非政府组织在城市圈建设中的作用研究 [J]. 长江论坛，2010（3）：82-85.

州，旨在为三州大都市圈提供有助于促进经济增长和可持续发展的规划。作为非政府组织，区域规划协会开展规划活动并非依靠政府权威推进，而是以其专业的调查研究和分析活动保证所制定规划的科学性，从而影响政府官员和选民的行为。[①]该机构的运转资金来源于包括政府在内的会员交纳的会费以及其他支持者的捐款，成员包括了交通、城市建设、经济发展、住房等各种城市发展领域的专家，同时也鼓励普通公众广泛参与。协会每年春季召开会议，将各地政府以及其他关键利益相关者的代表聚集在一起讨论共同面临的问题，通过各方充分表达诉求以促进共识形成，最终推动规划成为可实施的公共政策。纽约区域规划协会在过去的近百年时间里发布了四次区域规划，涉及纽约都市圈内基础设施（道路、桥梁、水利等）、公共空间、土地利用、经济发展、生态环境、城市住房等众多领域。特别是进入21世纪以来，其规划协调的内容日益扩大，主要包括：制定了聚焦于整合相邻大都市区的"美国2050计划"，通过一体化的通勤轨道以及绿带景观将各自的经济资源和社会网络联结起来；主导了新泽西盖特威国家休闲区和总督岛的修复工作，并与各地的社区共同推进森林覆盖流域的保护；成立了东北铁路联盟，推动各方就加强纽约和新泽西之间的铁路服务、在未来的莫尼汉铁路站建成新的Amtrak中心等事务达成一致。[②]在RPA规划的推动下，纽约都市圈实现了多中心、城市间错位发展、区域整体协调的空间布局，为纽约都市圈成为世界十大都市圈奠定了坚实的基础。

（二）设立单一功能的特别区

特别区是各区域政府通过协商，基于特定的管理需求划出一定的区域范围，并设立专门管理机构，实行区域协调的管理模式。[③]纽约都市圈内各政府联合组建了各种各样的特别管辖区，涉及基础设施建设、水利、交通、土地利用、金融、环境保护、公共服务等众多领域。特别区范围的大小是依据管理目标的不同来设定，最小的特别区包含两个城市的联合，最大的则可覆盖

① 孟美侠，张学良，潘洲.跨越行政边界的都市区规划实践[J].重庆大学学报（社会科学版），2019（4）：22-37.

② 张红，孙艳艳，胥彦玲.美国东北都市圈协调发展经验及启示[J].情报工程，2016（6）：94-100.

③ 靖学青.关于创建长江三角洲区域协调组织机构的探讨[J].经济体制改革，2008（9）：91-94.

整个都市圈的城市。特别区在解决大都市圈公共服务提供和区际利益冲突协调问题，以及提高资源的共享性等方面发挥了重要的作用，因而成为美国协调地方政府横向关系的一种常规化制度安排。①纽约—新泽西港务局不仅是纽约都市圈中最著名的特别区，也是美国乃至世界历史上第一个依据州际契约成立的跨域合作管理机构。因此，在此以纽约—新泽西港务局为例介绍特别区在推进区域合作中开展的具体实践。纽约—新泽西港务局是纽约和新泽西两个州在 1921 年成立，港务局成立之前的纽约港口区域因哈德逊河南北贯穿而分属纽约和新泽西两个州，从而导致了作为天然不可分割的流域区域与各自为政的行政区之间的冲突，基于整体治理的需要才组建了后来的纽约—新泽西港务局。港务局既不是一级地方政府，也不是州或地方政府的组成部门，而是一个由各州共同立法组建的具有法定性质的独立公共实体，其行为不受产生它的州政府和地方政府的控制，拥有广泛的行政权力。港务局的决策部门港务局董事会是由纽约与新泽西两州分别指定的 12 名成员构成，在董事会之下设定了财政委员会、资本规划和执行委员会、运营委员会、资产管理委员会、治理与伦理委员会、安全委员会 6 个专门委员会和一批履行特定职能的下属子公司。港务局的管理范围覆盖了港口、机场、隧道与桥梁、铁路等领域，多年来通过整体性治理的方式在哈得逊河入海处建设起了畅行无阻的通道，将原本被河流一分为二的区域整合成完整的大都市区。为解决因建设、营运、管理和服务而产生的财务问题，港务局通过通行费、票价、租金和其他的使用费筹集资金，真正做到了财务独立、自主经营。②

（三）建立多样化的合作伙伴关系

一是组建区域联盟。区域联盟是在美国各地区盛行的一种地方政府合作模式，是一定数量的城市在自由自愿基础上结成的，主要处理跨区域治理的具体事项。③区域联盟为不同地方利益的平等协调搭建了平台，通过政策制定促进了地方与区域利益的融合，同时作为合作网络最大限度地调动了区域成员的积极性，使现有资源得到了较好的利用和整合。常见的区域联盟包括交

---

① 陶希东.美国"特别区"政府之经验与启示 [J].研究城市规划，2010（12）：77-82.

② 张红，孙艳艳，胥彦玲.美国东北都市圈协调发展经验及启示 [J].情报工程，2016（6）：94-100.

③ 汪伟全.论我国地方政府间合作存在问题及解决途径 [J].公共管理学报，2005（3）：31-35.

通联盟、就业联盟、环境联盟、旅游联盟等。在纽约都市圈中最普遍的区域联盟是生态环境保护联盟。如 1988 年成立的"高地联盟",它由宾夕法尼亚州、新泽西州、纽约州和康涅狄格州四个州结成,以共同保护高地重要的自然资源为宗旨。再如由康涅狄格、特拉华和缅因等 10 个州于 2005 年共同合作成立了针对电厂温室气体排放总量控制的合作联盟。①

二是签订合作协议。自愿的协议安排已成为纽约大都市圈地方政府间合作的主要制度工具。签订跨地方协议不仅可以解决财政资金紧缺问题,也有利于公共资源在更广泛的行政区域范围内实现共享,因而被大都市圈政府广泛运用。根据纽约州审计署的财政报告,进入 21 世纪以来,纽约州地方政府间合作协议就已达数千份。②跨地方协议受到美国法律的保护,如美国宪法规定,各州能够以缔结协议的方式解决共同面对的问题,而且在某些情况下州际协议还可以被作为联邦立法的备选方案,优先于不相容的国家法律。此外,州际契约的条款一般规定,协议的执行机构采取委员会的形式,委员会的成员是由签订协议的各方代表组成,各方代表人数相等,拥有平等的表决权。纽约大都市圈的跨地方协议形式主要有三种:一种是服务协议(Inter-local Service Agreement),即由两个或两个以上政府签订具有法律效力的协议,由一方向另一方支付费用,另一方则按照双方商议的价格、数量和质量为支付费用地区的居民提供服务,服务内容包含有偿使用区域基础设施和图书馆、警察、公立医院等公共服务。③第二种是联合权力协议(Joint-powers Agreement),即由两个以上的地方政府为共同规划、出资、建造和管理某项设施或者为辖区所有居民共同提供某项服务而签署的协议,如共同建设垃圾填埋场、污水处理厂、机场等设施,或者共同提供环保、消防、警察等服务,签订协议的地方政府之间往往有专业化的分工。第三种是职能转移(Transfer of Functions),即一个地方政府永久性将某项职能转移给另一政府(如县政府、

---

① 张红,孙艳艳,胥彦玲.美国东北都市圈协调发展经验及启示 [J].情报工程,2016(6):94-100.

② Division of Local Government and School Accountability. Intermunicipal Cooperation and Consolidation:Exploring Opportunities for Savings and Improved Service Delivery[J/OL],[2011-09-20]. http://osc. state. ny. us/localgov / pubs/research /cooperation1. pdf.

③ David K. Hamilton. Governing Metropolitan Area: Response to Growth and Change[M]. New York: Garland Publishing, Inc. 1999: 23.

特区、州政府、政府联席会或其他自治体等），获得转移职能的政府必须承担起制定政策、提供经费和行政管理等方面的永久性责任。[①]

三、纽约大都市圈府际合作的启示及借鉴

（一）非政府组织是推动府际合作的重要力量

非政府组织能够通过自下而上的方式在维护合作环境、规范竞争秩序、提供决策咨询等方面发挥积极作用。纽约区域规划协会和纽约—新泽西港务局均属于非政府组织，在促进区域沟通协调和合作方面显示出了诸多优势：第一，作为非官方机制，避免了与地方政府的实质权利发生冲突，只对政府管理进行补充和完善，因而容易创设；第二，成员包含各种领域的专家，专业性强，可为府际合作提供科学有效的解决方案；第三，通过对话沟通机制改变了政府主体的行政区划观念，有利于化解地方保护主义和促进地方之间的良性互动；第四，组织机构和资金来源相对独立，这种超然地位保证了其在协调区域问题上的客观性。目前，我国长江中游城市群内以促进区域发展为目标的非政府组织较少，可以借鉴纽约大都市圈的经验，积极推进跨区域的非政府协调机构的建立，如成立长江中游城市群建设咨询委员会，由各省顶级咨询专家组成，重点从事区域协调发展规划的研究，为地方政府合作提供政策咨询和论证。

（二）建立单一职能的区域协调组织是推进府际合作的有效途径

纽约大都市圈内履行单一协调职能的"特别区"较为普遍，这些"特别区"在大都市区公共服务的供给上起到了较好的作用。以纽约港务局为例，其优势主要体现在：第一，能有效整合跨行政区的区域资源，为区域内合作创造了条件；第二，作为独立于各地政府的实体组织，运行方式较为灵活，能通过服务收费的方式获得一定的收入盈余，减轻了地方政府的财政负担；第三，能在区域范围内集中提供某种专门服务，具有一般地方政府不具备的规模经济优势；第四，消除了区域内地方政府间就某一专门问题而开展的重复谈判，减少了大量的交易费用。虽然"特别区"的治理模式并非完美，但是这种建立专门的、单一职能的协调机构的思路是值得我们借鉴的。在我国，

---

① 刘彩虹. 整合与分散——美国大都市区地方政府间关系探析 [M]. 武汉：华中科技大学出版社，2010：172.

专门从事单一协调职能并且具有相对独立地位的组织并不多，只是在诸如港口管理这样的少数领域进行了尝试，如我国长江中游城市群中武汉城市圈组建的武汉新港管委会，涵盖了武汉、鄂州、黄冈、咸宁、黄石等区域的港口管理和开发，是一次比较好的实践。这种实践的范围和内容可以在长江中游城市群中进一步拓展，比如在鄂、湘、赣三省范围内建立以空气污染、水污染等专项环境问题治理为目标的区域协调组织。

（三）政府间合作协议在府际合作中发挥了多功能优势

以自愿为基础签订正式或非正式合作协议被广泛用于纽约大都市圈公共服务与公共物品供给中，该区域的绝大多数地方政府都加入了一项以上的政府间合作协议。①纽约大都市圈内地方政府之间的合作协议体现出诸多功能优势：降低了公共服务的单位供给成本，实现了规模经济；不要求形成区域性的管理机构，在政治上具有可行性；协议形式十分丰富，双方或多方政府可以根据实际需求选择不同的形式；协议内容较为灵活，可以根据环境变化进行调整，并随问题的解决而自动结束契约义务；协议打破了公共服务供给的地域边界，使地方政府结成"嵌入式"多重互惠网络体系，有效解决了集体行动中的机会主义问题。②当然，纽约大都市圈的政府间合作协议之所以能够发挥较好的功能，与美国法律对协议效力的充分保障，以及长久以来美国形成的契约文化等因素密不可分。我国长江中游城市群内政府之间的有偿服务或共同服务合作协议并不多，因此，今后应当进一步培养地方政府的契约意识，鼓励地方政府通过签订有偿服务协议、共享服务协议等方式解决公共服务的供给问题，同时还应通过地方分权改革以及相关法律法规的完善，为跨域政府签订合作协议创立法制环境。

第二节　东京大都市圈的府际合作

日本是最早提出都市圈概念的国家，在都市圈内的府际合作方面积累了

---

① 徐增阳，余娜. 美国大都市区治理中的地方政府自愿合作：何以兴起？何以持续？[J]. 华中师范大学学报（人文社会科学版），2018（3）：31-39.

② 徐增阳，余娜. 美国大都市区治理中的地方政府自愿合作：何以兴起？何以持续？[J]. 华中师范大学学报（人文社会科学版），2018（3）：31-39.

区别于欧美国家的丰富经验，而东京大都市圈无疑是日本都市圈发展的典型代表。东京大都市圈位于日本岛的东南侧，以首都东京为核心，是一个由东京及周边众多大小不等的城市组成的环状大城市群。狭义的东京都市圈是指由东京和神奈川、千叶、埼玉构成的"一都三县"；而广义的东京都市圈也被称为"首都圈"，是在"一都三县"基础上加入了茨城、栃木、群马、山梨四县，从而形成了"一都七县"的地域范围，面积为 3.69 万平方公里，① 占国土总面积的 9.8%，本节对东京都市圈的分析涵盖了广义都市圈的范围。

一、东京大都市圈府际合作的背景

二战后，随着日本经济的快速发展，东京呈现出单极集中状态，从而引发了一系列"城市病"：交通拥挤致使人们上下班时间过长，人口密度过高造成人均住房面积水平过低，粗放的工业经营导致环境问题频发，城市的无序扩展致使绿地大面积减少，居民生活与企业生产的负担日益增加。不仅如此，东京还是火灾、地震的高发地区，频繁发生的自然灾害也进一步增加了人们的生活压力。面对这些严峻的形势，人们认识到东京的承载能力已逐渐达到极限，必须跨越中心城市的边界，对东京及其周边区域进行整合式发展。基于此，日本政府于 1956 年颁布了《首都圈整备法》，开始对包含"一都七县"的东京都市圈的总体定位予以确认，试图促进都市圈作为经济、政治与文化中心的有序发展。在解决都市圈内一体化发展需求与不同行政权属之间矛盾的过程中，日本政府形成了"中央主导，地方积极参与"的府际合作模式，即中央政府通过自上而下"建纲立制"的方式直接指导和调控府际合作方向，而地方政府则通过政府峰会等形式积极推进政府协同，但地方政府在整个过程中的影响力并未超越中央政府。②

二、东京大都市圈府际合作实践

（一）中央政府主导推进都市圈府际合作

从多年来东京都市圈的区域性协调实践看，中央政府发挥了主导作用，

---

① 国务院发展研究中心课题组. 东京都市圈的发展模式、治理经验及启示 [N]. 中国经济时报，2016-8-19.

② 牛大卫，曹广忠. 都市区治理的合作模式与演变 [J]. 城市发展研究，2017（11）：94-100.

其作用途径包括完善法律保障体系、发布系统的区域规划、提供充裕的项目资金、出台相关配套政策和进行自上而下的宏观调控。①

1. 设立专门的统筹规划机构。日本中央政府成立了专门的政府机构统筹都市圈的发展规划。最初负责统筹和协调东京首都圈各自治体规划的是1950年成立的首都建设委员会。自1956年《首都圈整备法》出台后，规划主体改为新成立的首都圈整备委员会，该委员会为总理府直属、委员长由建设大臣兼任的中央直属办事机构。1974年，包括首都圈整备委员会在内的日本三大都市圈整备委员会全部被并入国土交通省，由其负责日本都市圈的区域建设和协调工作。国土交通省具有完备的组织结构：2001年设立了国土审议会，其成员中有10名来自国会议员，20位来自地方政府、大公司、金融机构及高校专家；国土审议会下设有专门的首都圈整备部会，10位委员是由地方知事、工商会所首脑、高校专家按比例组成，专门负责审议都市圈的整备计划、建设方案及相关规划；国土审议会下还设有大都市圈政策工作组，由来自于高校和工商会所的6位专家组成，主要负责大都市圈政策评价、方向性确定、地方分权改革等宏观政策制订。②

2. 建立完备的法律体系。东京首都圈的发展遵循法律先行的原则，即先制订相关法律法规为区域规划与管理提供法律保障。如日本政府1956年就出台了《首都圈整备法》，使得日本首都圈区域内的规划和协调具备了权威的法律依据。为促进《首都圈整备法》的实施，日本政府于1958—1988年间又出台了《首都圈近郊绿地保全法》《多级分散型国土促进法》《首都圈既成市街区施工限制法》《首都圈近郊整备地带与城市开发区域整备法》等一系列法律。为了提供三大都市圈发展的资金保障，日本政府于1966年专门发布了《首都圈、近畿圈、中部圈近郊整备地带国家财政特别措施法》。③除了制定专门针对首都圈协调发展的法律，其他相关法律的制定也对都市圈的发展起到了较大的作用，如《土地基本法》《国土利用规划法》《都市规划法》《中心市街活力法》和《都市铁道便利化增进法》等。这些法律，无论是普通法律，还是

---

① 国务院发展研究中心课题组.东京都市圈的发展模式，治理经验及启示[N].中国经济时报，2016-8-19.

② 崔成，明晓东.日本大都市圈发展的经验与启示[J].中国经贸导刊，2014（8）：21-24.

③ 崔成，明晓东.日本大都市圈发展的经验与启示[J].中国经贸导刊，2014（8）：21-24.

专门法律，均为都市圈内地方政府关系的协调和一体化发展提供了依据。

3.制定分工协作的都市圈规划。中央政府一直保持着对东京都市圈的区域发展进行战略规划的权力，并将制定大都市圈广域规划作为切入点。[1]日本的"首都圈整备规划"始于20世纪中叶，由国土交通省牵头，在1958年至1999年期间先后经历了五轮调整，跨越了日本经济从战后复兴、迅猛增长、稳步发展到泡沫破灭、经济衰败的全过程，体现出强烈的针对性和鲜明的时代性。[2]从第一次首都圈规划到第五次首都圈规划，核心目标都是在实现东京中心与近郊之间城市功能再划分的基础上，促进城市居住空间的重组、强化各近郊功能区的交流协作，形成一体化发展的核心城市群。国土交通省每年都要牵头对东京首都圈整备计划的实施状况进行审核，并将审核结果以年度白皮书或者年度报告的形式对外发布，从而确保了整备计划与相关建设计划的有效实施。[3]

4.出台内容丰富的财政支持政策。日本政府充分利用财税政策促进包括东京都市圈在内的三大都市圈的发展。具体措施包括：一是通过国家项目直接投资兴建地方基础设施，或者对一些边远、落后地区的重点交通设施、港口建设等方面进行贷款支持，促进这些地区的开发与建设；二是以财政转移支付的形式对区域发展项目进行补贴，如将向大都市外围转移企业所缴税款的一部分返还给接受企业的地方政府，并且为企业提供税收优惠政策；三是通过政策性银行进行专项贷款和导向贷款，以引导市场主体投资方向；四是采取财政补贴等优惠措施，促进新兴产业城市的开发，如允许某些地区发行地方债券，国家财政提供利息补贴。[4]

（二）地方政府主动参与都市圈的广域府际合作

日本将跨区域的行政机关之间建立在自愿、平等基础上的合作与协调，称为"广域行政"。日本广域治理的主要法律依据是1947年出台的《地方自

① Firman T. Inter-local-government partnership for urban management in decentralizing Indonesia: from below or above Kartamantul (Greater Yogyakarta) and Jabodetabek (Greater Jakarta) compared[J]. Space and Polity, 2014, 18(3): 215–232.

② 国务院发展研究中心课题组 . 东京都市圈的发展模式、治理经验及启示 [N]. 中国经济时报，2016-8-19.

③ 崔成，明晓东 . 日本大都市圈发展的经验与启示 [J]. 中国经贸导刊，2014（8）：21-24.

④ 中国人民银行上海总部国际部课题组，东京城市经济圈发展经济及其对长三角区域经济一体化的借鉴 [J].上海金融，2008（4）：10-13.

治法》，该法规定地方自治的主体包括由都道府县层级（类似于中国的省级行政单位）构成的广域自治体以及由市町村层级（市、町、村为平级单位）构成的基础自治体，并规定地方自治体承担增进本区域公众福祉，以及在本区域内开展自主行政的职责。在获得更多的自主权后，东京都市圈地方政府开始积极推进广域合作，合作的动力不仅源于解决社会经济发展过程中的不均衡问题，更源于区域内的环境保护、河流管理、垃圾处理、老龄化背景下的养老等公共问题已经超越了单一地方政府的应对能力。因此，虽然东京都市圈内的府际合作是由中央政府主导推进，但是各地方自治体之间依旧踊跃地探寻出了一些与中央集权主导有机配合的区域性协作机制，使得具体区域问题能得到因地制宜的处理。① 东京都市圈内的府际合作主要采取以下两种形式开展。

一是建立完备的府际协商组织。协议会是东京都市圈内广泛采用的府际协商合作的组织形式。协议会是由地方政府通过协议条款的方式开展合作，既包括以解决专业性问题为导向的区域协议会，如"东京都市圈交通规划协议会"，也包括各地方自治体的首脑自发组成的联席会议，如"九都县市首脑会议"。② 1979年创立的九都县市首脑会是日本首都圈在行政层面进行顶层设计、推动协同发展的主要运营平台，此举开创了日本都市圈广域联合的一种全新模式。③ 在此将以九都县市首脑会为例介绍府际协商的开展情况。九都县市首脑会由东京都、神奈川县、埼玉县、千叶县的知事和横滨、川崎、千叶、埼玉、相模原这五座政令指定都市的市长参加，同时也鼓励区域经济团体和市民代表参与。首脑会议由上述九都县市轮流举办，每年召开两次正式会议，主要就以下三类事项进行协商：第一类是单个自治体成员无法处理的城市问题，如防灾问题；第二类是自治体成员共同面对的城市问题，如环境问题；第三类是自治体成员之间利益关联问题，如产业和人口问题。④ 为了使协议事

① 谭纵波. 从中央集权走向地方分权——日本城市规划权的演变与启示 [N]. 国际城市规划，2008（2）：26-31.

② 国务院发展研究中心课题组. 东京都市圈的发展模式、治理经验及启示 [J]. 中国经济时报，2016-8-19.

③ 王凯，周密. 日本首都圈协同发展及对京津冀都市圈发展的启示 [J]. 现代日本经济，2015（1）：63-74.

④ 赵岩，郭小鹏. 日本大都市圈广域联合治理模式创新研究——以首都圈首脑会议为例 [J]. 日本问题研究，2019（3）：73-80.

项得到严格落实，首脑会议建立了完备的组织运行机制：首先由成员县市的首脑以及相关领域的代表就相关事项展开充分协商，同时由废弃物问题检讨委员会、防灾危机对策委员会、环境问题检讨委员会等专门委员会对协商事项提供研究咨询；然后由议长负责将经过协商形成的提案提交给中央相关部门审议批准；最后由议长将行动决定下发给相关委员会，由委员会联系成员县市的具体部门贯彻执行。正是由于九都县市首脑会议的高效运作，才使得核心城市与非核心城市在沟通协商的基础上形成了既竞争又合作的关系，促进了区域内错位发展格局的形成，如琦玉县侧重于机械工业与旅游产业的发展，千叶县侧重于钢铁、石油化工等重化工业的发展，神奈川县则侧重于电子、港口和机械等产业的发展。[①]

二是创立了其他跨区域行政协调制度。在东京都市圈的一体化发展过程中，跨区域行政协调制度并不是单一的，而是具有多样化的特点。[②] 其典型形式主要包括以下三种：第一是事务委托。根据《地方自治法》相关条款规定，普通地方公共团体可以通过协议约定将一部分事务委托给其他普通地方公共团体，[③] 并且协议对委托双方主体、委托内容、委托执行方法及因委托产生的经费支付等内容进行详细规定。第二是共同设置机关。即由地方政府之间通过协议条款约定共同设置委员会事务局，并安排相应的专职委员。事务局从性质上看不是独立的地方共同团体，不具备独立的法人资格，由协议方共同管理。第三是部分事务组合。《地方自治法》规定，地方政府之间可以利用协议方式共同设立专门处理某些政府事务的机构。该机构属于特别地方公共团体，有独立的法人主体资格，配有专职工作人员，可以独立制定相关条例。事务组合主要适用于环卫领域、防灾领域、老年福利和医院事务、农业、教育等领域的地方合作，可以专门处理单一事务，也可以处理多项事务组合。

三、东京大都市圈府际合作的启示及借鉴

（一）中央政府的权威推进是都市圈府际合作的重要保障

强有力的中央政府使东京都市圈内地方政府以协同方式实现都市圈的一

---

① 王涛.东京都市圈的演化发展及其机制 [J].日本研究，2014（1）：20-24.

② 傅钧文.日本跨区域行政协调制度安排及其启示 [J].日本学刊，2005（5）：23-36.

③ 王菁.区域政府合作协议研究 [D].苏州大学博士学位论文，2015：82.

体化发展成为可能。日本中央政府主要是通过组建专门机构、制定法律制度和政策等方式推进地方政府合作的开展。作为同为亚洲国家的我国，中央在社会经济发展中一直居于主导地位，因此东京都市圈的府际合作经验对我国具有较大的借鉴价值。

首先，以权威的中央协调机构统筹政府合作。日本中央政府专门组建了首都圈整备委员会、国土交通省、首都圈整备部会、大都市圈政策工作组等区域协调部门，对于东京都市圈内地方政府之间的功能协调发挥了重要的作用。我国的长江中游城市群跨越的区域范围十分广泛，涉及跨行政区划的三个省以及不相隶属的三十多个地方政府，且省与省之间以及不同城市之间也存在较大差异。如果仅仅依靠地方政府自主开展府际合作活动，必将因为缺乏权威协调机构而使政府间的合作难以推进。因此，可以考虑在中央政府层面设立专门的区域协调机构，以中央权威为后盾推进长江中游城市群内跨区域事务的统筹与协调工作。

其次，为府际合作提供法律制度和政策保障。第一，要重视城市群规划的制定，并将其作为中央政府进行区域空间布局调控的重大公共政策。相对于东京首都圈整备规划历经半个多世纪的调整而言，我国2015年发布的长江中游城市群发展规划尚处于初级阶段，在规划的科学性和完备性上还有很长的一段路要走。今后应由中央政府主导编制并不断完善长江中游城市群发展规划，以区域发展规划为抓手引领长江中游城市群的合作联动与一体化发展。第二，制定完备的法律体系，既包括普通法律，也包括有针对性的专门法律，以保证区域发展规划的落实。第三，中央政府通过财税政策引导府际协调与合作。如效仿日本政府的做法，通过财政转移支付的方式，将中央税收的一部分转移给企业迁出地所属的地方政府；对搬迁企业的所得税实施减免；中央政府通过政策性银行向市场主体定向发放产业转移专项贷款。①

（二）地方政府的积极参与是都市圈内府际合作的重要动力

首先，积极推进地方政府协商组织的建立。东京都市圈内的府际合作主要是通过以九都县首脑会议为代表的协议会形式推进，这种参与主体较多的协议会对于促进区域内公共问题的解决以及区域内错位发展格局的形成起到

---

① 国务院发展研究中心课题组.东京都市圈的发展模式、治理经验及启示[N].中国经济时报，2016-8-19.

了重要的作用。当前，在长江中游城市群发展过程中，参与府际协商的地方政府不多，主要局限于经济发达或者地域上紧邻的政府之间开展协商合作，而其他政府参与较少。这与地方政府固守"行政区"的狭隘意识和地方保护主义密切相关。由于政府间缺乏协商沟通，各地依然按照自身发展逻辑和实际需要来选择发展策略，而非从整个区域发展的内在要求出发，造成了各地区之间产业结构的高度相似，以及重复建设和资源浪费等问题。[①]因此，要引导地方政府树立协作共赢的意识，通过省际、市际行政首脑的联席会议等形式加强府际协商合作，并通过完备的组织机制设计推进协商共识的落实。

其次，积极推进府际行政协调制度的建立。为了整合区域资源、促进都市区的协同发展，东京都市圈创立了事务委托、共同设置机关、部分事务组合等多样化的行政协调制度。这些形式多样的行政协调制度具有以下优势：对合作主体的权利义务关系进行了明确规定，使参与合作的地方政府形成了平等、互利的伙伴关系；不仅提升了公共服务质量，而且节约了行政成本；适用领域主要集中于环卫、医疗、防灾、教育等公共服务领域，体现了对公众需求的较好回应。目前，我国长江中游城市群府际合作的相关协调制度并不完善，政府之间的协调多以联席会议、口头协议等松散的方式进行，实质性的府际合作并未纳入制度框架。因此，今后要不断创新府际协调形式，并建立相应的行政协调制度。

第三节 伦敦大都市圈的府际合作

英国伦敦大都市圈位于英国南部，形成于20世纪70年代，不仅是英国主要的生产基地和经济核心区，也是全球发展最早的世界级城市群。该城市群以伦敦——利物浦为轴线，包括了伦敦、伯明翰、曼彻斯特、谢菲尔德、利物浦等大城市和附近的众多中小城镇，总面积约4.5万平方公里。[②]在伦敦都市圈内，作为首都的伦敦，既是该都市圈的核心城市，也是英国的政治、经济、文化中心和交通枢纽。

---

① 崔龙，窦正斌.经济圈中府际合作的困境与对策[J].成都行政学院学报，2011（1）：70-75.
② 张强.全球五大都市圈的特点、做法及经验[J].城市观察，2009（1）：26-40.

一、伦敦大都市圈府际合作的背景

英国的工业革命带来了城市的快速发展，作为英国政治经济中心的伦敦城，面临着人口密集、交通拥堵、资源短缺、环境污染等一系列城市问题。为了解决这些问题，必须推进伦敦核心地区与周边地域的合作，统筹规划区域发展，促进分工明确、布局合理、社会经济协同发展的区域有机整体的形成。此外，区域内人们对公共服务的共同需求，也急需改变由地方政府单独提供公共产品的局面，而由政府合作提供公共物品。但是，在英国特有的政治文化背景下，政府合作的推进显得困难重重。其原因在于，英国虽然是单一制国家，但却具有浓厚的自治传统，自由主义思想和保守主义思想相互冲突和相互作用，[①] 使中央与地方政府之间、各级地方政府之间，以及不同利益主体之间呈现出错综复杂的关系，而这种复杂关系又构筑了伦敦大都市圈复杂而多变的行政区划与管理体制。如何在这种复杂的行政格局下实现都市圈内不同地区之间的合作，一直是中央政府和地方政府十分关注并在实践上不断探索解决的问题。

二、伦敦大都市圈府际合作实践

（一）以治理结构的变革调整政府间关系

早在 19 世纪伦敦区域就开始了对区域治理结构的变革，每一次变革都是在特定时代背景下，基于回应地方公共事务治理、更好地提供区域公共产品以及推进政治民主化等方面的要求，对政府间关系进行的重要调整，且这种调整先后经历了统一、分散、再统一的复杂过程。直到 2000 年，随着统一的大伦敦市政府以及双层管理体制的建立，伦敦区域内地方政府之间各自为政的状态才得到了较大改善，改革得到了公众的广泛支持。[②] 以下为伦敦大都市圈政府间关系的调整过程。

第一阶段府际协调和合作实践。自维多利亚时代以来的伦敦郡议会时期，整个大都市地区属于众多互不隶属的行政区管辖，一体化合作较难实施。1965 年创立的"大伦敦地方议会"代替了伦敦郡议会，专门负责整个大伦敦

---

① 李金龙，雷娟. 国外大都市区治理模式及其对中国的有益启示 [J]. 财经问题研究，2010 （8）：114-118.

② 张紧跟. 伦敦大都市区治理改革及启示 [J]. 岭南学刊，2011（4）：49-53.

地区的协调，[①]同时通过将 85 个自治市重组为 32 个以减少政府的碎片化，这种组织变革在一定程度上促进了都市圈内政府间关系的协调，有利于合作的开展。

第二阶段府际协调和合作实践。20 世纪 80 年代，在分权化、市场化和私有化政策的主导下，英国中央政府废除掉了大伦敦市议会，将该区域分解为伦敦城和 32 个小规模的自治市。在这种分而自治的背景下，主要由中央政府负责推进政府之间的协调和合作。这一时期，中央政府在各大区域设立下派办事机构"伦敦政府办公室"，专事伦敦地方层次的战略规划和协调发展。同时在中央政府的推动下，由新成立的伦敦规划咨询委员会承担大伦敦协调发展的研究咨询工作，该委员会为中央、大都市区、地方政府构建了一个交流信息、协调职能的机制。

第三阶段府际协调和合作实践。在大伦敦议会被废除的十余年时间里，伦敦大都市内权威的分割化加剧了政府治理的低效性。[②]各自为政的地方政府间关系引发了 20 世纪末新一轮治理改革，通过此次改革确立了较为稳定的府际合作关系。改革中不仅成立了新的统一的大伦敦市政府，而且形成了政府间权责划分清晰的双层管理体制。[③]地方性的公共服务，如地方公园与运动场、街道照明、垃圾回收交由更接近居民的各自治市负责；区域内的公共物品和公共服务供给，如区域性土地使用规划、空气和水污染治理、垃圾处理则交由大伦敦市政府负责，同时大伦敦市政府还负责推进区域内各地方政府在交通、经济恢复、紧急服务、环保、规划、文物保护等方面形成合作与伙伴关系。此外，大伦敦市政府与自治市间并非上下级关系，而是一种合作关系。大伦敦市市长受伦敦地方议会的监督，议会成员有半数以上来自各自治市。大伦敦市的警署、消防和紧急救济局均有来自各自治市的代表，各自治市可以就交通、消防以及伦敦发展等总体战略性规划的内容提出各自的意见，以供市长参考。[④]

---

①　生小刚，李婷，张锦文，艾晓峰.英国大伦敦市政府的组织机构及启示 [J].国外城市规划，2006（3）：21-24.

②　高秉雄，姜流.伦敦大都市区治理体制变迁及其启示[J].江汉论坛，2013（7）：74-78.

③　高秉雄，姜流.伦敦大都市区治理体制变迁及其启示[J].江汉论坛，2013（7）：74-78.

④　张紧跟.伦敦大都市区治理改革及启示 [J].岭南学刊，2011（4)）：49-53.

（二）建立政府间协同治理的工作机制

伦敦都市圈协同治理的主要形式是地方政府峰会，该峰会于 2015 年经讨论形成了伦敦都市圈协同治理的四项工作机制。[1]第一，定期召开地方政府峰会。峰会由英格兰东部和东南部的地方政府协会或理事会主席、大伦敦市的市长负责召集，一般每年召开一次会议，必要时可以增加会议次数。峰会的主要职能是为峰会的常设机构——政治领导小组提供宏观指导并对其授权，同时接受政治领导小组汇报工作。第二，组建都市圈政治领导小组。由英格兰东部和东南部的地方政府协会或理事会主席、大伦敦市的市长分别提名 5 人构成，主席由这 15 人中的一人轮流担任，每年组织 2—3 次会议。政治领导小组的任务是具体落实峰会决定的重大事项，并推动英国东南部地区开展跨区域的战略合作活动，促成相互接触和共同合作的机会。第三，设立战略规划的官员联络小组。该小组是由来自于合作区域的 18 名高级官员组成，每年组织召开 4 次以上的会议。该小组的工作重点是为地方政府峰会和政治领导小组提供广泛的服务，包括组织召开政治领导小组会议和安排会议议程、执行政治领导小组布置的工作事项、将政治领导小组的规划和安排通知到各地，以及向各地政府传达相关会议的成果和协同工作成效等方面的信息。第四，创立伦敦都市圈的协同治理网站。由参与伦敦地方政府峰会的各方主体在大伦敦官网上共同建设跨域协同治理网站，即泛东南区域政策和基础设施协同网，并在网上及时发布跨域合作的相关法律制度、政策文件、峰会新闻等。

（三）建立政府间利益协调机制

中心城市与周边地区政府之间的利益协调是影响合作的重要因素，为此伦敦都市圈建立了有效的利益协调机制。第一，通过合理的税收政策减少政府间的利益摩擦。尽管新的大都市区政府有权通过征收城市拥挤税和提高停车费的办法来敛税，但是为了避免触动各自治市的利益、减少区域整合中的阻力，大伦敦治理联盟做出承诺，区域治理的税源主要为企业、地方政府和非营利组织的各类发展基金、企业股份、市政税和信托基金，不挤占地方政府的任何税源。[2]第二，建立政府间的成本分担和利益共享机制。大伦敦管理

---

① 邢琰，成子怡.伦敦都市圈规划管理经验 [J].前线，2018（3）：76-78.

② 张京祥，何建颐，殷洁.战后西方区域规划环境演变、实施机制与总体绩效 [J].国外城市划，2006（4）：67-71.

局要求大都市区发展要最大限度地服从中心城市——伦敦城政府的规划安排和发展战略，作为回报，伦敦城政府将承担敛集伦敦都市圈治理的主要财源的任务，这种建立在公平原则基础上的合作契约关系获得了参与各方的广泛认同。第三，通过定期协商促进政府间的利益协调。根据英国的规划政策规定，大伦敦市长、大伦敦范围内的市区政府、大伦敦附近的郡和市政府，在制定或修改各地的规划时，必须相互协商和相互告知。

（四）以区域规划引导城市间的分工合作

伦敦都市圈内各级中心城市的分工合作以及功能一体化均与科学完备的城市规划密切相关。20 世纪 40 年代以来，伦敦大都市圈规划方案共经历了三轮大的变迁。1942—1944 年第一次伦敦大都市圈规划提出了"组合城市"的概念，构建了以伦敦为圆心，周边 48 公里为半径的区域布局。1944—2000 年之间，英国政府陆续发布了多项城市规划政策，如 20 世纪 50 年代末实施的卫星城规划，60 年代中期实施的三条快速主干道发展长廊与三座"反磁力吸引中心"城市规划，70 年代开始注重实施旧城保护与改建计划，1994 年提出伦敦市和东南部地方规划圈间的关系与发展战略。[①] 2000 年编制的第二次伦敦都市圈规划提出，要全面关注伦敦的环境、就业、交通和居住等问题。2004年大伦敦管理局出台了第三次规划——《伦敦规划》，并且于 2008 年、2011年及 2016 年先后对 2004 版《伦敦规划》进行了三次完善，特别是 2016 年 3 月发布了最具权威性的新版《伦敦规划》，对伦敦大都市地区的经济、社会、交通、环境等重大问题进行了战略规划和有效应对，确定了大伦敦未来 20 年的发展目标。此外，为了保障都市圈规划能够得到严格的实施，伦敦政府大量采用了立法手段，如 1944 年通过了《新城法》、1946 年发布了《绿带法》，这些法律在促进大都市圈的发展上发挥了重要作用。[②]

三、伦敦大都市圈府际合作的启示及借鉴

（一）通过改革厘清府际合作中的权责关系

伦敦大都市圈通过由分散到统一的反复改革，最终确立了各级政府之间

---

① 姚迈新. 大伦敦城市规划发展的经验及其对广州的启示探析 [J]. 岭南学刊, 2019（1）: 53-58.

② 蒲丽娟. 武汉城市圈经济一体化研究 [D]. 西南财经大学博士学位论文, 2013: 95.

明确的权力、责任和义务关系。目前的伦敦都市圈治理划分为三个治理层次：第一治理层次是 32 个自治市议会和伦敦城议会等基层行政管理单位，主要负责辖区内的日常事务；第二治理层次是大伦敦市政府及各部门，专门负责伦敦整体发展的战略性问题；第三治理层级是中央政府，主要推动大伦敦市政府和自治联盟的建立。中央政府、大伦敦市和各自治市之间权责划分明确，实现了各个治理层次在公共事务管理和公共服务提供上的良好合作。我国长江中游城市群跨越鄂湘赣三个省和 31 个城市，涉及中央、省和地方三级政府。由于长江中游城市群提出时间不长，各级政府在推动城市群发展中的角色和定位并不清晰，合作治理的框架结构尚待完善。借鉴伦敦都市圈的经验，长江中游城市群需要在以下方面做出改进：第一，增强府际合作治理的灵活性，在不同的发展阶段选择适宜的合作治理框架，适时调整府际权责关系；[①]第二，不断明确各治理主体的权责归属，一方面强化中央政府对于城市群的宏观指导和协调作用，另一方面合理划分省、省会中心城市和一般地级市的职责分工，促进中央政府与地方政府之间、各省之间、省内各市区之间的良性互动与协作。

（二）联席会议的工作机制为府际合作的落实提供了基础

伦敦都市圈地方政府峰会建立了完备的协同工作机制，设立了常任性的政治领导小组、官员联络小组以及跨域协同治理网站，通过完备的组织人员配备、科学的责任划分、严格的工作落实，使得政府合作成果显著。我国长江中游城市群已在科技、水运、公路等专项领域建立了各种联席会议制度，同时各省会城市之间有会商会议制度，这些会议形成了一些会议备忘录、行动方案，但是由于这些联席会议缺乏完备的工作机制，各省市达成的合作共识并未得到有效落实。伦敦都市圈地方政府峰会给我们提供了以下启示：相关会议决策机构必须由地方政府高层领导人构成，以增强联席会议的权威性；需要在会议决策机构之下设立类似于伦敦都市圈政治领导小组这样的常设执行机构，具体处理政府联席会议已经确认的各项重大事项；同时还应设立会议执行的联络小组，发挥承上启下的桥梁作用，一方面负责向各级地方政府传达政治领导小组的战略安排和协调政府间的合作，另一方面向常设领导小

---

① 易承志. 从分散到集中：伦敦大都市政府治理机制的变迁 [J]. 社会主义研究，2015（1）：125-131.

组汇报合作的执行情况。

（三）政府间的利益协调机制为府际合作的开展提供了动力

伦敦大都市政府通过合理的财税政策、成本分担和利益共享机制、政府间的协商机制，有效保障了政府各方在合作中的利益。可以借鉴伦敦都市圈的经验，进一步完善我国长江中游城市群的府际利益协调机制。首先，建立财税利益的协调机制。根据不同地区的功能定位，探索实行与产业转移地共享税收新机制，通过区域间财政体制创新促使湘鄂赣形成良性协同发展局面。其次，争取设立专项基金，用于区域公共基础设施和公共服务的提供。[①]长江中游城市群发展基金来源可以是争取中央政府拨款、使用者付费、企业和非政府部门捐助等多种渠道。再次，构建长江中游城市群发展生态补偿机制。城市群发展过程必然伴随地区间的产业转移过程，而产业转移可能给转入地带来一定程度的生态影响，建立完备的生态补偿机制，对利益受损方进行补偿是十分必要的。

（四）动态区域发展规划有利于科学引导府际关系的协调

在伦敦都市圈的形成和发展过程中，积极且有远见的城市空间规划起到了举足轻重的作用。伦敦都市圈能够依据不同阶段的发展特点、问题和需求制定相应的发展规划，规划内容涉及空间布局、产业配置、基础设施建设以及公共服务供给等方方面面，对各级中心城市与周边区域的分工合作进行了科学的引导。长江中游城市群提出时间不长，无论是整个城市群，还是武汉城市圈、环长株潭城市群、环鄱阳湖城市群三个小圈群，以及三个小圈群内的各个城市，相关发展规划的制定仍处于初级阶段，需要依据初级阶段的区域发展背景和特点制定出科学的发展规划。参照伦敦规划的成功经验，首先应重视整合、调配区域内各城市的空间布局和产业配置，使各城市形成交错发展的格局；其次要加强区域交通网络的布局以及公共服务一体化的推进；最后要坚持规划的前瞻性，处理好城市化进程以及环境保护的关系，做到可持续发展。

---

① 曾令发，耿芸.英国区域治理及其对我国区域合作的启示 [J].国家行政学院学报，2013（1）：110-114.

第六章　长江中游城市群府际
合作水平的提升路径

近年来，为了打破行政区划的界限，实现优势互补、协同发展，长江中游城市群内的地方政府依托府际联席会、区域规划和行政协议等协作机制开展跨域合作，在交通、水利、生态和民生等领域取得了阶段性成效。建立了突发环境事件联处、打击非法采砂联勤等机制，联合开展了荆江大堤、黄盖湖等跨界河湖流域综合整治；建立新型农村合作医疗跨省结算、医疗卫生资源跨省共享、突发公共卫生事件应急合作和食品医药安全工作联动等机制。然而受到观念、经济以及体制机制等多种因素的制约，在产业一体化等核心领域难以取得实质性突破，亟须探索行之有效的合作模式及相应的运行机制，促进合作由浅层的关系型合作走向深层的制度性合作。前文中测度与比较的结果也表明，长江中游城市群的府际合作水平还有较大的提升空间。本章针对长江中游城市群府际合作中存在的主要障碍，运用元治理理论，从府际合作模式创新上进行突破，探讨府际合作元治理的内涵及其实施机制，为长江中游城市群府际合作水平的提升提供对策建议。

第一节　长江中游城市群府际合作水平提升的障碍

一、观念上的障碍：合作意识不强

城市群中的核心城市如同一个磁极，通过集聚和扩散效应产生强大的向心力和离心力，促进各类生产要素在区域空间内有序流动，将周边城市紧密地联系在一起，成为相互依赖、不可分割的整体。长江中游城市群缺乏核心城市，并非市场机制作用下自然形成的经济区域，而是湘鄂赣三省在东部沿海地区率先发展和西部大开发战略的左右夹击下，为自己积极争取的政策发展机遇。三省的自然地理条件、经济社会发展总体水平和产业结构等都有极大的相似性，彼此互补性不强，府际合作的外部压力胜过内部需求。三省除了在争取国家战略的目标上一致外，行政上各自独立，自谋突围，湖南和江西抓住泛珠三角区域合作的机遇，努力融入"泛珠江三角洲"城市群，同时，江西环鄱阳湖城市群也积极向东靠拢长三角城市群，寻找新的增长空间，各地协调联动动力不足，合作意愿不够强烈，这在一定程度上削弱了整个城市群的凝聚力。

二、地理上的障碍：基础设施互联互通不够

长江中游城市群区域面积广，合作成员分布较散。近年来，随着高速公路和城际铁路建设的推进，武汉城市圈、长株潭城市群和南昌与九江、抚州"一小时"通勤圈形成，长江中游城市群交通的通达性和便捷性有所提高，但离城市群深度融合要求还有较大差距。城市群内武汉、长沙、南昌三大中心城市互不接壤，在推进交通基础设施互联互通工作时无法统筹布局。城市群内城际高等级公路一体化的网络尚未形成，一些中小城市之间需要绕道武汉、长沙和南昌等中心城市才能相互连接。此外，省际毗邻地区断头路问题依然存在，三个主体城市群之间"三小时城际交通圈"的建设目标尚未实现，地理空间上的距离增加了府际合作的成本。

三、经济上的障碍：产业同质化竞争激烈

长江中游城市群内各城市地理区位、资源禀赋和工业化发展进程相近。按照美国经济学家西蒙·库兹涅茨的产业结构水平划分方法，当前城市群内31个城市中，仅有武汉市和长沙市进入后工业阶段，南昌、景德镇、萍乡、新余、鹰潭、黄石、株洲、湘潭、岳阳等9市处于工业化后期，黄冈、荆州处于工业化初期，其余18市皆处于工业化中期。由此可见，绝大部分城市都处于工业化发展的中后期，城市功能定位相似度高，主导产业差异小。徐姝等研究者运用产业结构相似模型计算的结果表明，湘鄂赣三省间产业结构相

似系数都在 0.95 以上，[①] 三省在千亿元支柱产业类别上，有近半重合，产业结构相似程度过高导致各地招商引资趋同性较强，彼此间的经济竞争大于合作。

四、体制上的障碍：行政管辖权的地域性

城市群各地方政府的管理权限受到行政区划界限的严格限制，一旦超出所辖行政区域，便会失去法律效力。[②] 这意味着，地方政府对地方公共事务的管理权限及相应的管理责任均具有排他性，其他不相隶属的地方政府既无权加以干涉，也不能与之共担责任。行政区划界线的刚性约束使得政府管理活动呈现出内向型和闭合型特点，形成了碎片化的"行政区行政"。[③] 由于缺乏体制性的约束，在地方利益最大化动机的驱使下，各地能够轻而易举地背弃合作协议，独自开展行动，使达成的合作约定最终成为"一纸空文"。

五、机制上的障碍：合作机制亟待完善

组织机制约束力不强。当前，长江中游城市群主要依靠地方政府领导人参加的务虚联席会、会商会和协调会等组织机制推进合作，在省际合作中未设立专门的区域合作机构，省会城市合作中唯一的城市合作秘书处也采用非合署办公方式，合作组织松散，缺乏常态化工作机制，相关职能分散在发改委不同处室，人员、资源不够集中，权能不足，难以对务实合作项目跟进落实，使实际合作效果大打折扣。

纵向统筹机制及政策工具不完备。长江中游城市群的府际合作属于横向府际关系范畴，由于合作主体互不隶属，难以对彼此的行动加以有效约束，在缺乏更高层级的中央政府有效干预的情况下，很难避免集体行动的困境即个体理性导致的集体非理性。近年来，中央对长江中游城市群的发展予以了重视，将之上升到国家战略的层面，批准了《长江中游城市群发展规划》，对长江中游城市群地区重要的一体化基础设施建设拨付了大量的资金。但仅有规划指导和项目资金拨付还不够，需要通过制度创设解决地方合作激励不足

---

① 徐姝，卞赛凤，夏凯. 长江中游三省产业同构对区域协调能力的影响研究 [J]. 商学研究，2018（2）：94-103.

② 薄贵利. 近现代地方政府比较 [M]. 北京：光明日报出版社，1988：139.

③ 陈瑞莲. 论区域公共管理的制度创新 [J]. 中山大学学报（社会科学版），2005（5）：61-67.

问题。

利益协调机制缺失。各地在资源禀赋、经济发展水平、产业结构、相关制度和治理能力等方面存在着较大差异。在市场机制作用下，中心城市可以凭借先发优势吸引各类优质资源要素不断流入，从而进一步强化自身优势。[①]致使区域内各地的发展差距加大。此外，在污染治理这类效益外溢的区域公共物品供给中，也存在成本和收益不对等的突出问题。如果缺乏合理的利益补偿和保障机制，合作中的弱势方和利益受损方出于自身利益的维护会选择退出策略，致使合作难以维系。当前，长江中游城市群在产业转移及环境污染治理中尚未建立起完备的利益协调机制，这无疑增加了府际合作的难度。

六、合作力量上的障碍：非政府主体参与不足

在多层次多地方参与且利益分散化的区域一体化进程中，单一的政府（无论是中央还是地方）都难以有效应对所有挑战，市场和社会力量的参与可以弥补政府之手的不足。[②]当前长江中游城市群区域合作已呈现非政府主体参与的态势，如湖北省社科院、武汉大学、南昌大学等科研院所和高校在长江中游城市群规划落实上开展了理论研究，发挥了智库作用。但相比长江三角洲城市群，长江中游城市群的市场力量发展滞后，民营经济不够发达，在打破行政壁垒，促进生产要素自由流动及建立统一开放区域市场上发挥的力量有限；行业协会、中介组织等社会力量发展也相对滞后，难以与政府和企业形成良好互动，进而在推进区域一体化上发挥重要作用。这种地方政府主导型合作，一旦牵涉到地方核心的经济和政治利益，合作便会踌躇不前，同时也容易造成对市场的过度干预，形成"行政区经济"。

---

① 薄文广，陈飞.京津冀协同发展：挑战与困境[J].南开学报（哲学社会科学版），2015（1）：110-118.

② 马海龙.京津冀区域协调发展的制约因素及利益协调机制构建[J].中共天津市委党校学报，2013（3）：90-96.

第二节　长江中游城市群府际合作模式创新

一、现有城市群府际合作模式的反思

国内地方政府间的跨区域合作始于 20 世纪 80 年代，在近四十年实践中已探索出多种模式。基于理论依据和运作机理的不同，可将之划分为科层制、市场化和网络治理三种典型的模式。

（一）以集权为特征的科层制模式

所谓科层制模式，是指在一定区域范围内建立一个统一的权威以自上而下方式推动合作。[①] 该模式的理论依据是传统区域主义。传统区域主义理论认为，区域内地方政府间恶性竞争、财政资源不平衡、公共服务设施布局不合理等问题的症结在于政府结构体系的"碎片化"，主张通过建立区域性政府结构来推动区域一体化。[②] 该模式下的地方政府间合作主要依赖于层级节制的科层制结构，由凌驾于地方政府之上的机构向下发布行政指令，凭借等级制权威来推动。这是我国府际合作最早采用的一种模式，可追溯到 20 世纪 80 年代初国务院设立上海经济区规划办公室。时至今日，该模式仍然彰显出一定的生命力。其表现形式主要有两种：其一是由上级组建跨行政区的合作机构来推动区域合作，如新疆维吾尔自治区成立乌昌党委，作为自治区的派出机构，负责推动乌鲁木齐和昌吉州的一体化工作；[③] 其二是调整行政区划，扩大区域中心城市的边界，以行政的统一来推动区域整合，如各地撤县改区的做法。

总体而言，自上而下的科层制模式具有权威性（全治平，1992）、公正性（谢庆奎，1998）和治理外部效应有效性（周伟林，1997）等优势，不失为社会成本低、回报率高的资源动员模式（任宗哲、宫欣旺，2008）。但上述优势

---

① 张紧跟. 当代中国地方政府间横向关系协调研究 [M]. 北京：中国社会科学出版社，2006：103.

② Jones, Victor. Metropolitan Government [M]. Chicago: University of Chicago Press, 1942: 108-110.

③ 任宗哲、宫欣旺. 组织化：区域地方政府协调发展的一种路径——以乌昌经济 一体化与西咸经济一体化比较为例 [J]. 西北大学学报，2008（2）：102-106,

的发挥有一定的前提条件，即假设上级政府拥有完全信息和完全理性，能够做出合理政策安排，并能随时发现地方"阳奉阴违"行为进而对之加以惩罚以确保决策意图的实现。而城市群中地方政府数量众多、层级复杂、指挥链条长，由于受组织规模、信息收集能力、组织激励控制工具有效性等多种因素的限制，很可能出现组织失灵（张紧跟，2006）。与此同时，僵化的层级节制也难以根据瞬息万变的区域环境对府际合作关系加以适时掌控。

（二）以分权为特征的市场化模式

市场化模式是指地方政府在自愿、平等基础上通过谈判或交易方式来化解矛盾、协调行动，推动区域发展。该模式以新古典经济学为依据，认为协作行为也可以来自市场机制，主张竞争的地方通过达成协议来协调彼此的行为。[①] 在该模式下，地方政府间合作并非源于上级政府的行政命令，而是地方利益的内在诉求，地方政府自愿让渡出辖区内部分公共事务的独立安排权，自觉服从共同协商达成的契约，以此来换取区域一体化发展带来的机遇与收益。该模式在20世纪90年代后得到了广泛运用，主要表现形式为各类府际联席会和行政合作协议。当前长江中游城市群内的府际合作主要采用该种模式。

市场化模式将相互竞争的地方政府通过利益交易联结在一起，实现了规模效应；谈判过程中，各方利益诉求得以平等充分的表达，缔结的协议往往能照顾到各方利益，使得履约自觉性有所增强；合作对象及内容可根据环境变化而调整，并随问题的解决而自动结束协议义务，较为灵活（刘亚平，2006）。由于该模式充分调动了地方的自主性和创造性，在实践中广受欢迎。但根据古典经济学的理论，市场协调模式成功的先决条件是完全竞争，而地方和区域性公共物品的供给却是垄断性质的，这从根本上决定了市场化模式的运作空间极为有限，即便在有限范围内，这种以"利益"为核心的模式在涉及地方重大利益冲突、产权划分不明晰、交易主体数量过多以及存在明显负外部性时显得束手无策（张紧跟，2006）。

（三）以各种公私利益相关者参与为特征的网络治理模式

网络治理模式是指区域内跨行政层级的政府吸纳企业和非营利组织参与，

① Ostrom, Vincent, C. M., Tiebout and R. Warren. The Organization of Government in Metropolitan Areas: A Theoretical Inquiry [J]. The American Political Science Review, 1961, 55（3）：831-842.

通过平等协商达成共识并采取联合行动来自主治理区域公共事务。该模式以新区域主义为理论基础，认为市场机制会加剧地方在争夺投资上的恶性竞争和地区发展失衡现象，单一政府主体很难从容应对区域性挑战，应通过包括各类公私部门在内的自愿性合作治理来实现区域的发展。该模式下合作行为源自各类区域利益主体间的相互信任与持续互动过程，而非科层制的命令或市场基础的竞争，标志着区域公共事务由管理转向治理。该模式得到学术界的广泛认同，被冠之予"复合行政""府际治理""组织间网络"等不同的名称。国内长江三角洲和珠江三角洲城市群内各级政府、企业和社会共同参与的合作治理模式已初显端倪。

网络治理模式的优势集中体现以下三个方面：一是引入了市场与社会主体，由此缓解了政府的有限理性问题；二是网络成员间持续、多向度的信息沟通增强了区域决策认同感，降低了监督信息不对称风险，减少了不确定性和机会主义行为发生的概率；三是网络的频繁互动与合作能给成员提供了有效信息和重复交易等好处，降低了区域合作的交易费用。[①] 但网络治理也并非万能，它无法摆脱网络利益对整体利益、可控制对灵活性、开放对封闭、合作对竞争、责任对效率等冲突。[②] 同时，合作网络中处于关键节点的成员可以凭借优势操纵网络，致使民主与公平流失。更为严峻的现实问题是：网络协调要通过团结、利他、忠诚、互惠和信任来实现，[③] 而我国目前恰恰缺乏以"社会信任、公民参与和互惠规范"为主要内容的社会资本，从而使得该模式比较脆弱。

上述三种模式分别代表了的三种对立统一的资源配置和行动协调方法，科层制通过行政命令分配资源，市场化模式通过以利益为导向的价格竞争和交易方式引导资源流动，而网络治理则通过以信任为基础的平等协商来实现资源的优化配置。三种模式各有千秋，有效的组合可以产生协同效应。科层制既可以通过其合法权威为市场化和网络治理模式建立基本的制度规范，塑

---

① 张紧跟. 当代中国地方政府间横向关系协调研究 [M]. 北京：中国社会科学出版社，2006：129-131.

② 鲍勃·杰索普. 治理的兴起及其失败的风险：以经济发展为例的论述，国际社会科学杂志（中文版）[J]. 1999（1）：43-44.

③ Thompson，G. Between Hierarchies and Markets：The logic and Limits of Network Forms of Organization[M]. Oxford：Oxford University Press，2003：40-47.

造公平正义的环境，又能支持和促进公民社会的成长，培育网络治理所需的社会资本；市场化模式通过引入竞争提高了科层治理的效率，同时也有利于公民和社会组织的发展，为网络治理提供文化环境；而网络治理通过合作者的参与和平等对话，增强了市场和社会主体对政府的信任，增进了科层治理的合法性，并运用关系管理作为补充，促进利益相关者量身订制合作协议。[①]

当前，长江中游城市群的府际合作是以地方政府为主体的平等协商、自愿协调的市场化合作模式，由于缺乏来自中央层面的有力协调而难以改变各自为政的局面，致使区域规划和行政合作协议在遭遇地方利益与区域利益冲突时无法落实。同时，由于发育不够成熟以及参与渠道较为有限，城市群内市场主体和社会主体在区域性公共事务治理中很难深度参与。面对现实的困境，需要引入新的合作模式，将三种现有模式有效地组合起来，而这正好是府际合作元治理要解决的问题。

二、府际合作元治理模式

（一）府际合作元治理模式的内涵

元治理是国外治理理论发展的新成果，出现于 20 世纪 90 年代末期。对于元治理的概念，西方学者进行了多样化界定，其中，最具有代表性的观点有两种。一种是英国学者鲍勃·杰索普的观点，他于 1997 年最早提出了元治理的概念，指出元治理是"对科层治理、市场治理以及网络治理三种模式的协调，以确保它们最小限度的结合"。[②]1999 年，杰索普将元治理定义为"自组织的组织"。[③]此后，他又进一步将元治理描述为："治理条件的组织准备，关系到三种治理方式的明智组合，以达到参与者认为的最好结果"。[④]另一种是现代治理理论先驱简·库曼的观点，他将治理划分为三阶，其中，第一阶

---

① 熊节春. 政府治理新范式：元治理 [A]. 中国行政管理学会 2010 年会暨"政府管理创新"研讨会论文集 [C], 2010：1409-1417.

② Jessop. Capitalism and Its Future：Remarks on Regulation, Government and Governance[J]. Review of International Political Economy, 1997（4）：567.

③ 鲍勃，杰索普. 治理的兴起及其失败的风险：以经济发展为例的论述 [J]. 国际社会科学杂志（中文版）, 1999（1）：45.

④ Jessop, Bob. Governance and Meta-governance：On Reflexivity, Requisite Variety, and Requisite Irony. In：Governance, as Social and Political Communication[M]. Manchester：Manchester University Press, 2003：142-172.

治理是解决问题；第二阶治理发生在试图改变第一阶治理的制度条件时，此时这些制度条件已经过时并功能失调；第三阶治理为元治理，它涉及尝试改变与治理发生方式相关的总体性原则，通过改变规范框架来对治理活动和治理者进行治理。简·库曼将元治理比喻成"将治理的各种属性捆绑在一起并使之成为一个整体的粘合剂"，并指出在元治理规范和原则的指导之下，不同水平、不同角色当事人的共同治理活动得以有效运行。[①] 尽管两位学者对元治理概念的表述存在差异，但都无一例外地将之视为解决治理失败的一种理论工具，即对治理的治理。

本章沿用杰索普的观点，认为府际合作元治理是一种产生某种程度的协同治理的方法，它涉及在网络治理模式中建立起复杂的等级结构管理，由政治权威通过制度规则、组织知识、激励控制等策略自上而下地进行设计和管理，促进和引导区域自组织治理的实现，从而使科层制、市场化和网络治理三种模式实现完美组合，产生协同互补效应。[②] 它将等级制权威嵌入区域自组织网络，并从纵向和横向两个维度来构造区域多层次治理的互动模型（见图6-1）。

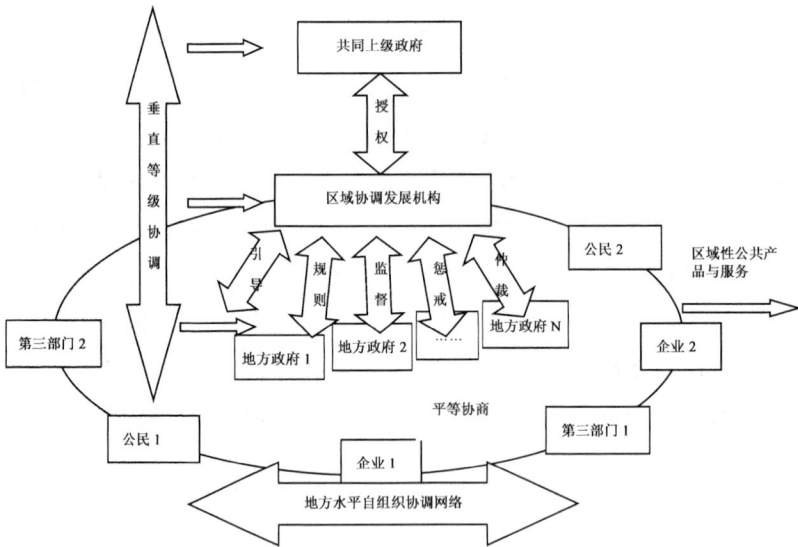

图6-1：府际合作元治理模型

① Jan Kooiman. meta-governance：values, norms and principles, and the making of hard choice [J]. Public Administration, 2009（4）：818-836.

② Serensen, Eva. Meta-governance：The changing roles of politicians in processes of democratic governance [J]. American Review of Public Administration, 2006（5）：98-114.

其一是水平的自组织协调网络系统。府际合作元治理十分尊重权力的自组织形式在实现区域发展目标和战略中的主体地位。它对治理理念予以积极响应，赋予城市群内各级地方政府、企业、非政府公共部门和个人等直接利益相关者战略性选择的权力，充分尊重其自我管理的能力，允许直接利益相关者在意思表示一致的基础上因地制宜、创造性地运用和发展科层制、市场化和网络治理模式，城市群内平等主体间形成的合作网络权威得到高度认可。如 6-1 所示，城市群内多元利益相关者相互作用形成的组织间网络构成了府际合作元治理的基石。各类区域利益主体都是水平自组织网络的一个节点，贡献着自身的智慧和资源，能够迅速识别各类区域公共需要，通过集体决策和联合行动来提供区域性公共产品与服务。作为"治理的治理"，府际合作元治理解决的是如何组织自组织过程的问题，其目的并非要建立一个至高无上、统领一切的区域政府或区域合作组织为城市群制定具体的行动策略，而是试图通过引入等级制规则，对多种治理力量和形式进行一种宏观安排，使之实现不同目标、时空维度、行动和后果等的相对协调。① 只有当自组织失败时，等级制权威才会以强制性面目介入，发挥补救作用。

其二是垂直的等级制协调系统。府际合作元治理强调了权力的等级制形式在批准、许可和引导区域一体化行动中的持久影响。它在水平自组织网络基础上增加了一层等级制的保护伞，要求政治权威更多参与区域自主治理网络机制的组织而非放任自流或越俎代庖。作为利益相关者中的长者，等级制权威应该为网络治理提供基本规则，将自组织过程置于法理背景下；适应环境变化，与合作主体协商并确定在不同阶段或子项目中实施何种合作模式，确保不同治理模式的兼容性；运用相对垄断的组织智慧和信息来改变合作者在不同战略环境中对身份、优先战略和利益的自我理解，塑造合作共识和理性预期；当合作成员之间发生争议与冲突时，作为治理纠纷的上诉法庭进行仲裁，并且承担治理失败的政治责任；通过有倾向性地支持"弱势方"为城市群建立权力关系的新平衡，避免发展失衡和区域利益分配不公。② 为了支

① 熊节春，陶学荣. 公共事务管理中政府"元治理"的内涵及其启示 [J]. 江西社会科学，2011（8）：232-236.

② Jessop. Capitalism and Its Future：Remarks on Regulation，Government and Governance[J]. Review of International Political Economy，1997(4)：575.

持治理系统的有效性，元治理更多关注等级制的政治实践、技术和惩罚性行动，为地方水平自组织协调提供了制度性保障。

由此可见，府际合作元治理是基于水平自组织网络和垂直等级制结构间的相互作用而发展出的一种协调方式，也被称为"自我协调的结构性嵌入"。[①]它高度重视自组织网络和等级制结构间的辩证关系，将两者统一于谈判决策过程中。[②]它打破政府与治理之间的绝对划分，取而代之以治理的混合形式，将区域治理过程置身于国家权力、战略和干预的背景下，并由此为区域治理提供了一条折中路径，该路径一方面使得国家权力在治理结构中得到清晰的表达，另一方面又使治理网络的协调能力在等级制的保护下得到增强。元治理的实质是基于网络治理的内在冲突，在赋予合作成员自治权限的同时，为等级制权威保留了对不同治理机制开启、关闭、调整和另行建制的权力。[③]从而实现了政府机构、市民社会、市场力量间的平衡和地方理性、区域理性、国家理性间的平衡。

（二）府际合作元治理模式与现有三种模式的比较

1. 府际合作元治理模式与现有三种模式的联系

元治理模式是基于科层治理、市场治理和网络治理的缺陷而发展出的一种新模式，是对现有三种治理模式的有效组合，由此决定了它与现有三种治理模式存在着天然的联系。首先，元治理模式与科层制模式一样，都高度肯定等级制权威在化解地方利益冲突、建构区域合作秩序中的作用，强调统领城市群内各个地方政府的共同上级政府站在全局视角组织引领区域协调发展。其次，元治理模式与市场化治理模式都十分尊重城市群内各个地方政府的实际利益诉求，强调相关主体在互利互惠的基础上通过平等协商调解矛盾，实现共同发展。最后，元治理模式延续了网络治理模式的治理主体多元化特征，主张包括政府、企业、社会组织和公民个人在内的各类区域利益主体在相互平等和信任的基础上建立合作网络、采取联合行动来实现对区域公共事务的协同治理。

---

① Scharpf. Fritz. W. Games real actors could play: positive and negative coordination in embedded negotiations[J]. Journal of Theoretical Politics, 1994(6): 27-53.

② Mark Whitehead. In the shadow of hierarchy: meta-governance, policy reform and urban regeneration in the West Midlands[J]. Area, 2003(1): 6-14.

③ 王诗宗. 治理理论的内在矛盾及其出路 [J]. 哲学研究, 2008（2）: 83-89.

2.府际合作元治理模式与现有三种模式的区别

然而，作为一种新型的府际合作模式，元治理模式与现有三种模式在治理主体、矛盾化解方式、治理结构、权力运行方向、核心机制和治理行动等方面又存在本质的区别。

第一，治理主体上的差异。在从科层治理向市场治理、网络治理和元治理递次演进的过程中，城市群治理主体的范围逐步扩大。其中，科层制模式下治理主体的范围最为狭窄，而元治理模式下治理主体的范围最为广泛。科层制模式从本质上看是一种他组织制度安排，是通过凌驾于城市群地方政府之上的上级政府通过强制性制度安排来建立区域秩序，因此，在科层制模式下，共同上级政府是城市群合作秩序构建的关键人。在市场化模式下，区域性公共事务的治理主体为城市群内的各个地方政府，地方政府由区域政策被动执行人转变为区域性公共政策的制订者与执行人。网络化模式的治理主体包含城市群内的地方政府、企业、非政府公共部门和公民个人，试图通过引入非政府主体来破解市场化模式下单一地方政府主体的"有限理性"问题。而元治理模式在各类区域利益主体的基础上引入了共同的上级政府，让上级政府作为利益相关者中的一员与其他成员在相对平等的基础上通过引导、说服和制度支持来施加影响，从而避免区域自组织治理的失灵。

第二，矛盾化解方式上的差异。在科层制模式下，上级政府主要通过发布行政指令和区域政策等自上而下的等级控制手段来对区域发展做出强制性安排，使地方政府放弃容易引发冲突的地方特殊利益诉求，一致服从于区域发展的大局。市场化模式下，府际合作是增进自身利益、换取所需资源的一种手段，地方政府间合作的实质是利益的互惠，通过讨价还价和签订契约等市场交易方式来化解冲突。在网络化治理模式下，各类区域利益主体通过对话沟通和谈判协商等持续互动过程增进彼此的理解，消除分歧，从而达成共识，形成统一的区域发展目标。在元治理模式下，区域内的各类相关利益主体在共同上级政府提供的制度框架下优先通过对话沟通和谈判协商的方式化解冲突，共同上级政府同时对区域协商过程施加影响，积极引导并创造条件促成各方达成共识，当各类区域利益主体协商失败或达成的共识不利于国家整体利益时进行仲裁或直接干预。

第三，治理结构与权力运行方向的差异。科层制模式的治理过程是借助传统官僚制组织体系来完成的，共同上级政府是高高在上的领导者，城市群内的地方政府是被动的执行者，负责落实上级的区域决策目标，在整个区域治理体系中，权力沿正式官僚制组织体系中的指挥链垂直向下发挥作用，治理结构规范稳定。在市场化模式下，城市群内各个地方政府都是相对独立的权力中心，治理结构呈现中多中心的特点，当各方存在共同利益诉求时，相互交换资源，开展合作；而当彼此利益冲突则各自为政，自谋发展，治理结构比较松散。由于各地互不隶属，彼此平等，权力沿水平方向发挥相互作用。在网络治理模式下，城市群内的各类区域利益主体都是整个区域治理网络中的一个节点，各个节点地位平等，相互依存，相互制约，权力呈水平状发散运行，各类主体在彼此信任互惠的基础上开展区域联合行动，一旦信任丧失，合作网络便会解散，治理结构相对松散。在元治理模式下，共同上级政府和各类区域利益主体一同构成了区域治理网络，使得治理体系中权力的运行既有自上而下的垂直作用，也有相互制约的水平影响，体现出多向度的特征，由于等级制权威的加入，各类利益主体在规则的约束下从无序走向有序，使城市群的发展处于平衡状态。

第四，核心机制与治理行动的差异。科层制模式的核心机制是行政命令，共同上级政府通过自上而下层层发号施令来组织区域发展，由于上级政府无法对区域发展的实际情况进行适时掌控，这使得区域决策往往相对滞后，区域治理行动显得僵化迟缓。市场化模式的核心机制是地方政府间的利益交易，地方政府可以及时调整交易对象、交易范围和交易价格，从而使区域合作行动显得较为灵活。网络治理模式的核心机制是治理主体的相互信任与合作，治理主体间的持续互动过程使整个区域治理体系保持了对区域环境变化的高度敏感性，能够及时提供所需的区域性公共产品和服务。而元治理模式在区域利益主体信任与合作的基础上，增加了等级制管理，使得区域联合行动实现了灵活性与规范性的高度统一。

综上所述，府际合作元治理模式与现有模式的联系与区别如表6-1所示：

表6-1　府际合作元治理模式与现有模式对比

	科层制	市场化	网络治理	元治理
治理主体	上级政府	城市群内的地方政府	城市群内地方政府、企业、非政府公共部门、公民个人	上级政府、城市群内地方政府、企业、非政府公共部门、公民个人
矛盾化解方式	自上而下的等级控制	平等交易	对话沟通、谈判协商	对话沟通、谈判协商、等级制管理
治理结构	科层结构（规范）	多中心（松散）	网络结构（松散）	网络结构（有序）
权力运行方向	垂直	水平	水平	多向度
核心机制	行政命令	利益交易	信任与合作	信任与合作等级制管理
治理行动	僵化、迟缓	较灵活	高度灵活	高度灵活、规范

三、府际合作元治理模式之于长江中游城市群的价值

府际合作元治理模式有效地回应了长江中游城市群府际合作的困境，其价值在于：

第一，府际合作元治理模式可以促使各类区域行动安排得以有效落实。当地方政府出现"搭便车""背信弃义"等各类机会主义行为倾向时，元治理中的等级制权威可以运用监督、财政、奖励和惩戒等多种强制性手段推动地方政府信守承诺并采取持续有效的集体行动，从而避免长江中游城市群的区域发展规划和各类合作协议沦为"一纸空文"，化解产业布局一体化等长期得不到有效解决的难题。

第二，府际合作元治理模式可以平衡地方利益并促进城市群的协调发展。元治理中的等级制权威可以在区域利益博弈过程中扮演平衡者的角色，塑造公平的治理环境，防止合作效果的"渗漏"，从一定程度上缓解长江中游城市群内部发展不均衡和区域利益分配不公的问题，使得各方能够共享区域一体化的成果，实现共同发展，从而对区域合作保有持久的热情。

第三，府际合作元治理模式能够促进区域自组织网络的建立与发展。元

治理中的等级制权威可以通过顶层设计与适度授权赋予市场主体和公民社会更大的成长空间，同时也可以增强市场和社会主体对政府的信任，使其愿意积极参与各类区域治理活动并发挥自身的作用，从而有效解决长江中游城市群区域治理中市场和社会主体参与不足的现实困境。

第四，府际合作元治理模式可以有效融合区域共同利益与国家整体利益。元治理模式中的水平自组织治理使各类区域利益主体的利益诉求得以表达和满足，与此同时，垂直的等级制权威又超脱于局部的区域利益之上，站在更为宏观的整体视角对城市群的利益主体进行引导与约束，进而促使长江中游城市群的发展定位符合国家总体战略布局的需要，增进国家整体利益。

第五，府际合作元治理模式可以实现管理效率与公共责任的有机统一。元治理中的等级制权威赋予各类区域利益主体以治理权限，激发他们运用地方性知识来灵活应对区域公共需求，这极大地提高了区域治理的效率。与此同时，等级制权威又承担起最终的政治责任，当区域自组织治理失效时进行补救，敦促各方采取必要的联合行动。

在元治理模式下，长江中游城市群的府际合作将处于一种向心力状态，整个区域治理过程在向外、向上和向下等多维度互动中适度收敛，实现区域利益与整体利益的互融。

第三节　长江中游城市群府际合作机制的完善

基于元治理理念，为了提升长江中游城市群府际合作水平，当前亟须完善相关的组织机制、决策机制、执行机制、激励机制和保障机制。这五大机制共同构成完整的有机体，在相互联系、相互作用中共同推进长江中游城市群的协同发展。

一、健全府际合作组织机制

元治理模式的垂直管理和水平协调需要相应的组织机制来实施。从国外区域元治理实践来看，合作网络的组织化趋势十分明显，如欧盟成立了欧洲伙伴关系卓越中心，以促进成员国交流并支持交通网络倡议和其他公私伙伴项目。^①在英国西米德兰兹郡，中央通过政府办公室和区域发展机构来强化自身在该地区的治理能力。从我国长三角和京津冀城市群区域合作实践看，国务院相关领导小组与办公室及地方层面的合作机构设立之后，区域协同发展步伐明显加快。长江中游城市群为跨省城市群，府际合作层级多，既有省政府层面的合作，也有省内或省际城市政府间的合作，需要构建国家和区域多层次的合作组织机制来共同有序推进区域协同发展工作。

（一）中央层面：强化对跨省区域合作的统筹协调和监督约束职能

目前国务院推进落实区域协调发展战略的职能全部交由国家发展改革委员会下设的地区经济司来负责，这充分体现了机构设置的精简高效和完整统一原则。从政府网站公开的部门职责来看，地区经济司的职能偏向区域规划和政策拟订的宏观层面。对同质竞争较为激烈的长江中游城市群而言，仅有区域规划的指导难以实现高质量的发展，中央还需重视区域规划执行中的利益协调与督促检查工作，丰富治理工具手段，重点解决省级政府自身无力解决的制度性壁垒问题，为地方自组织网络的顺利运行提供强有力的保障与支撑。具体而言，一是要完善促进区域协调发展的相关制度，如建立保障地方区域合作组织权能的章程，确立省际横向转移支付制度，设计跨区域 GDP 分计和税收分成机制等，^②为解决地方核心利益冲突确定制度框架。二是加强对区域发展规划落实情况的检查工作，设计区域协调发展的考核指标体系，定期对城市群内地方政府参与区域合作成效进行考核，并将考核结果纳入地方政绩，提升地方政府对府际合作的重视程度。三是当好地方利益冲突的调解员和仲裁者，当省级政府因地方利益相持不下致使协商谈判陷入僵局时及时介入，运用组织智慧提供各方都愿接受的方案，对省际间争议进行仲裁；当地方合作目标与政策偏离国家整体利益时加以纠正与约束，以避免政府失灵现象的发生。我国区域协调发展战略实施的任务繁重，中央应该赋予地区经济司与职能相匹配的权力和责任，确保职责权相统一。

①　Ole Helby Petersen. Emerging Meta-governance as a Regulation Framework For Public-Private Partnerships：an Examination of the European Union's Approach[J]. International Public Management Review，2010（3）：1-21.

②　薄文广，陈飞.京津冀协同发展：挑战与困境 [J]. 南开学报（哲学社会科学版），2015（1）：110-118.

（二）区域层面：完善合作组织网络

按"决策—协调—执行"三层架构完善区域层面的政府合作组织。目前长江中游城市群三省主要领导人参加的会商会为区域合作的最高决策机构，每年召开一次，确定城市群协同发展的总体思路和区域发展重大事项，三省职能部门联席会为对接机制，负责合作事项的具体落实，中间缺少协调层来统筹各项工作的推进落实，可考虑联合设立统一的协调机构——长江中游城市群协同发展办公室，从三省发改委抽调人员，作为常设机构集中办公，并赋予其必要的合作组织管理权限，负责协调推进落实三省会商会的决策，统筹协调三省统一政策标准和行动规划、拟订会商会的议题等。三省会商会下由相关职能部门组建专题组，负责决策的落实工作，专题组的设置可遵循灵活性原则，根据各个时期城市群治理重点任务进行适时调整。就省内次区域合作而言，充分发挥各市的积极性和创造力，鼓励各市通过市长联席会、部门联席会或组建合作组织等多种形式开展合作，但省政府需要做好规划指导和协调督促工作，确保次区域发展规划与长江中游城市群整体规划对接，该项职能可交由省发改委地区经济处负责，通过省政府的权威与约束力来确保各个城市自组织治理的效果。

组建各类非政府合作组织。为了更好地组织城市群内的市场和社会力量积极参与合作，需要设立各类非政府合作组织，全面参与区域性公共事务的决策、执行和监督活动。具体包括：由城市群内的科研院所、高等院校根据各自学术专长组建多种咨询机构，为城市群协同发展提供政策咨询、项目论证和评估服务，提高区域合作治理的专业化、科学化水平；由三省工商联牵头，组织城市群内的重要商会建立长江中游城市群经济联合会，定期召开合作交流会，为企业搭建合作平台，推动企业的联合；引导各地行业协会成立各类行业联盟，统一长江中游城市群的行业标准并协助政府制订和实施区域性的行业发展规划，整合行业资源，减少企业间的无序竞争。[①]上述合作组织与政府合作组织结成公私伙伴关系网络，共同致力于长江中游城市群协同发展事项。

---

① 龚胜生，张涛，丁明磊，梅琳，吴清，葛履龙，储环.长江中游城市群合作机制研究[J].中国软科学，2014（1）：96-104.

二、优化府际合作决策机制

府际合作元治理十分关注各类区域主体的平等协商，等级制权威干预是为了改善区域自组织的效果而非替代地方进行决策，因此，城市群内区域性公共问题的决策应该是地方政府、工商企业、第三部门和社会公众等各类利益相关者在平等互利基础上谈判、辩论与商议的结果。交流磋商过程为各类利益相关者提供了多角度、全方位审视各类政策方案的机会，可以根据其他主体的反应不断调整自身偏好，由纯粹利己转化为兼顾他人利益。[①]平等协商要求区域利益相关者都能大致平等地参与区域公共事务的管理，都能平等地表达各自的利益诉求，都能有平等的机会去影响区域公共决策。因此，决策机制的完善要重点解决以下三个关键问题：

第一，确保平等的参与。在区域公共事务决策上，为突破地方政府的有限理性，要广泛吸纳市场和社会主体积极参与。平等的参与首先需要有相应的制度保障，即凡涉及区域公共事务的重大决策必须要有相关利益主体参与的程序性规定，使得各类利益主体都有同等的机会去表达他们各自的诉求、意见和偏好。此外，平等参与的前提是知情，它要求政府做到政务信息公开，给予城市群内所有治理主体平等的机会接触有关政策信息，使之能认清自身所处的局势并据此形成相对准确的判断。当前政府联席会只为地方政府提供了沟通信息和交换意见的平台，且沟通方式还是间歇式的，信息沟通不及时、不完整，其他利益主体掌握区域合作信息的渠道极其有限，不利于平等地参与。这迫切需要加快电子政府的建设步伐，为城市群治理搭建数字化平台。长江中游城市群各省市应适应区域一体化的需要，携手共建"长江中游城市群合作信息网"，及时发布区域决策、区域合作事项、区域合作成果和区域经济数据等信息。

第二，确保平等的表达。在区域公共决策中，部分利益主体失声或者部分利益主体过度表达都会导致区域政策有失公平。目前长江中游城市群内地方政府的话语权在各类府际联席会议机制中基本能够得到保障，难点在于为数众多的非政府主体如何行使表达权。对此，可供选择的政策工具包括论证会、听证会和府际协商论坛等，[②]如区域规划和区域立法等宏观性战略决策必

①　王绍光.民主四讲[M].北京：生活·读书·新知三联书店，2008：248.

②　何精华.府际合作治理：生成逻辑、理论涵义和政策工具[J].上海师范大学学报（哲学社会科学版），2011（6）：41-48.

须召开专家论证会；区域性公共服务一体化政策出台应举行听证会；区域产业一体化政策调整前组织座谈会，向行业协会和龙头企业负责人征求意见等。平等的表达有助于区域决策的科学化与民主化，提高了区域决策的认同度，减少了后期执行成本。

第三，确保平等的影响力。城市群内地方政府拥有的资源禀赋存在差异，在区域决策中的话语权大小也各不相同，行政级别和经济发展水平高的地方对区域决策的影响力往往更大，这不利于区域平衡发展。因此，需要实行旨在保障各方权益的决策方式，如"全体一致规则"，各个成员政府无论行政级别高低，都有一票表决权，当全体一致通过时，决策方案方可生效。如果合作成员存在严重分歧，致使合作网络陷入"无休止谈判"、交易费用过高时，则启动等级制干预，交由上级政府来进行裁决，强制城市群采取足够的措施来维护区域利益和国家整体利益。

三、强化府际合作执行机制

有效执行是实现决策目标的唯一途径。区域决策一经做出，还需要相应的组织机构来加以实施。区域政策是城市群内相关利益主体平等协商的产物，可被视为各类区域利益主体就与自身利益相关事项达成的契约。作为契约的缔结者，各类利益主体自然有义务去履行做出的承诺。因此，包括地方政府、工商企业、第三部门和社会公众在内的各类区域利益主体都是区域政策的执行者。这种多主体的执行方式可以动员各方的智慧和资源，灵活有效地实现政策目标。

一方面，要强化地方政府落实区域政策的主体责任。地方政府拥有辖区公共事务的管理权限，具备调动地方公共资源致力于区域发展的能力，在区域政策执行过程中具有义不容辞的责任。地方政府应该根据区域政策的总体安排，自觉调整地方的发展规划、产业政策、管理制度和工作安排，使地方的发展目标与城市群发展的总体目标保持高度的一致。同时动用自身的人力、物力和财力去负责落实和推进区域政策，兑现在协商中做出的承诺。地方政府在履行契约过程中可能面临思想观念、行政体制和地方利益的多重障碍，需要加强自律和他律机制的建设。首先，地方政府要摒弃地方保护主义的狭隘思想，树立合作共赢的意识，看重区域协调发展带给地方的长远利益。对此，中央政府可以加大舆论宣传的力度，使协调发展、互利互惠和合作共赢的观念成为普遍认可的社会规范。其次，强化地方区域合作组织的统筹协调功能，帮助地方政府破除横向沟通的体制障碍，及时沟通工作进展情况，协商解决政策执行中的争议问题，统一各方的行动，形成合力。最后，上级政府要通过经济激励和政治激励等多种手段，加强对地方政府的监督约束，让违背契约的地方政府受到处罚，积极合作的地方政府得到奖励，使合作共赢成为地方政府内在的利益诉求。

另一方面，要调动市场主体和社会主体全面参与。地方政府可以通过授权方式将部分区域性公共事务管理权限委托给市场和社会主体行使。授权可以减轻地方政府的压力，调动城市群内各方的积极性。比如，在区域性产业发展规划的落实上，可以吸纳行业协会的参与，由行业协会推动区域行业资源的整合，还可以通过企业的一体化联合行动促进生产要素的跨行政区流动，推动政府战略意图的实现。在区域性公共工程建设中，可以通过公开招投标和 BOT、TOT 等形式各异的公私伙伴关系来引入社会资金。在区域公共服务供给中，可以通过签订购买服务协议方式，由企业和第三部门提供公共服务。在授权时应该保证授权内容和授权对象的匹配度，确保权责利一致，并根据具体事务的复杂程度和重要程度灵活选择授权和委托的方式，如服务外包、特许经营、经济补助、用户付费等。市场主体和社会主体的参与可以打破政府在区域性公共产品供给中的垄断地位，发挥竞争优势，弥补政府资源的不足，更好地满足社会公众对区域性公共产品日益增长的需求。

四、建立府际合作激励机制

（一）建立府际合作的监督约束机制

地方政府作为理性"经济人"，往往存在机会主义倾向，如果缺乏有效的监督，相互信任将变得岌岌可危。因此与区域治理有关的后续监督显得尤为重要。有效的监督重点要解决"由谁来监督""依据什么进行监督"以及"对违约者如何处罚"三大问题。就监督主体而言，在科层制组织中，来自上级的监督从理论上讲无疑是最为有力的，前文所述的发改委地区经济部门可以代表所属政府对下级政府进行监督。为了避免监督主体与监督对象信息不对称，可考虑建立区域性合作项目事先审查制度、区域合作年度考核评估制度和专项合作任务随机检查制度，但这种行政控制程序不可过于烦琐，以免分散地方宝贵的时间和资源。对此，自主治理理论中的相互监督制度安排提供了有益的补充，上级在对地方参与合作情况进行综合评估时，可以采用地方政府同行评议的方式，再辅之予城市群内企业、第三部门和公民个人的参与，这样可最大限度地降低信息成本并纠正信息漏报、瞒报等问题。就监督依据而言，关键是要具体明确，除了各类区域发展规划和上级政府发布的指导意见外，地方政府签署的各类合作协议应该做到内容具体化，明确合作事项、各方权利与义务、履行方式、违约责任、纠纷解决机制和生效时间等形式要素，从而为监督提供明确的依据。上级将监督考核结果与各地各部门年终绩效考核挂钩，作为升迁奖惩的依据，真正做到"奖优惩劣"，调动地方参与区域合作的积极性。

（二）建立合理的利益分配与补偿机制

一方面，要建立事前利益分配机制，使合作方具有同等的分享经济利益的机会。城市群产业布局一体化面临的最大障碍是财政收入的利益藩篱，解决这一问题的办法是建立税收分成制度。按照我国现行税制的规定，需要中央政府出台统一的《区域协同发展产业转移对接企业税收收入分享办法》，对于服从区域产业布局一体化安排迁出的企业，将其增值税和企业所得税纳入分享范围，由迁出地和迁入地共享，并明确分享的具体比例、分享时限以及分享上限，从根本上打破税收制度壁垒。另一方面要完善事后利益协调机制，让各方共同分享合作带来的收益。可借鉴长三角城市群的经验，设立长江中游城市群合作与发展基金，为城市群协同发展提供坚实的物质基础。合作与发展基金的来源可由以下三部分构成：一部分来自中央的拨款，对于长江中游城市群这类经济发展水平不高但却具有重要战略意义的区域，中央政府应该加大资金扶持的力度，划拨一定数额的经费。一部分从三省流转税增长额中按统一的比率提取，这种筹资方式兼顾到了公平与效率的双重价值目标，谁从区域合作中受益越多，经济增长越快，谁就应该为区域发展做出更多贡献，这样无论增长点发生在哪里，伴随着区域经济的发展，基金的规模会稳步扩大。另外一部分依靠企业和社会的捐赠。将基金交由长江中游城市群协同发展办公室统一管理，专门用于区域重大课题和规划研究、跨行政区的基础设施建设、利益受损地方的经济补偿以及支持区域内落后地区发展等，以此强化合作根基。

（三）建立区域合作绩效考评制度

现行地方政府绩效考核评价只关注各地辖区内经济、社会、民生和环境发展指标，区域合作所做贡献不被考虑在内，地方既不会因为积极参与区域合作得到奖励，也不会因为背离合作受到处罚。这导致地方官员只关心本地发展，只要对地方发展有利，即使损害区域利益，地方也在所不惜。要改变这一状况，需要中央政府建立一套完整的地方政府跨区域合作绩效考评指标体系，从公平和效率两个价值维度全面评价地方政府在推动区域经济、行政、文化、社会建设和生态保护一体化上取得的成效，并将之作为各地政府绩效的组成部分，以此激励地方政府为区域合作做出积极贡献。

五、完善府际合作保障机制

法律规则可以为合作者提供行为规范，促进合作者形成一致的预期，从而避免各方陷入"公地悲剧"。从国外府际合作经验看，法律规则是一种重要工具，如日本的《都市规划法》《首都圈整备法》《首都圈、近畿圈、中部圈近郊整备地带国家财政特别措施法》和英国的《大伦敦政府法》等。这些法律对区域合作主体的权利与义务进行了规定，为合作行动提供了法律依据，长江中游城市群府际合作关系的协调也必须走法制化的道路，[①]完善府际合作的法律制度框架。鉴于地方政府的立法权受到行政区域的限制，府际合作法律规则的供给任务只能由中央政府和地方政府共同完成。

从中央政府层面来看，一是要通过完善宪法和地方政府组织法，对地方政府间横向关系的性质以及地方政府在统筹区域发展中的职责权做出具体的规定，明确地方政府在区域公共事务治理中的法律地位，为其在区域公共事务中的处置权提供法律依据。二是出台《公共与私人部门合作促进法》来保障非政府公共部门和私人部门的独立性与参与权，促进城市群内公共部门与私人部门伙伴关系的形成。[②]社会治理是我国国家治理体系的重要组成部分，

---

① 鞠立新.由国外经验看我国城市群一体化协调机制的创建[J].经济研究参考，2010（2）：20-28.

② 洪世键.大都市区治理——理论演进与运作模式[M].南京：东南大学出版社，2009：282.

未来包括区域协调发展在内的各类公共事务治理都离不开社会主体的广泛参与，该法的出台也是大势所趋。三是出台一系列行政法规和规章，对地方政府跨省域合作行动的成果，上至区域规划，下至区域合作组织、行政合作协议、合作基金和利益分配方案等的法律效力加以确定，给地方各类区域自组织治理活动提供法律的保护。

从地方政府层面来看，要大力推进一体化法制体系的建设。改革开放后地方立法权的扩大使我国各地的立法带有明显的地方色彩，各地区围绕地方利益制定地方性法规、行政规章及规范性文件，造成了各地区的法律制度冲突，这给府际合作制造了障碍。[①] 建立一体化法制体系，有助于遏制冲突并强化合作。因此，一方面，长江中游城市群内的地方政府要全面清理现有地方性法规、规章和规范性文件中掺杂的旨在保护不合理地方利益诉求的条款，使所有的合作主体都能得到平等的对待，从立法上遏制地方保护主义行为的发生。另一方面，地方政府要开展立法领域合作，加强区域性公共事务相关的地方立法协调工作，在相关地方性法规和规章中体现出跨区域联合行动的思想，对产业发展、基础设施、信息共享、生态保护等方面的一体化做出规定，做到各地法规和规章的无缝对接，营造统一的区域公共治理法制环境和秩序。

---

① 苗婷婷．鞠豪．中美地方政府间横向合作关系比较 [J]．山东行政学院学报，2011（12）：38-41.

第七章　结束语

　　本书对长江中游城市群的府际合作水平问题进行了定量与定性相结合的探索性研究，形成了一定的研究结论，但也存在着不足，还有部分问题尚待深入研究。

一、主要研究结论

（一）构建了全面系统的城市群府际合作水平测度指标体系

　　基于党中央"五位一体"总体布局和区域协调发展战略，城市群府际合作水平测度指标体系既要全面考察府际合作行动在促进城市群经济、行政、社会建设、文化和生态环境保护一体化发展上的成效，又要关注府际合作在缩小各地经济发展水平与可支配收入差距、实现基本公共服务均等化等方面发挥的作用。本书从经济、行政、文化、社会建设和生态环境保护五个维度构建了全面系统的地方政府合作水平评价指标体系。该指标体系共包含了 5 个一级变量、20 个二级变量、46 个三级变量和 54 个观测指标。

（二）对长江中游城市群府际合作水平进行了测度

　　基于构建的测度指标体系，本书对长江中游城市群内部武汉城市圈、环长株潭城市群和环鄱阳湖城市群近 11 年的府际合作水平进行了测度。测度结果显示：三个城市群府际合作水平整体发展态势较好，但不同区域之间差异明显。环长株潭城市群和武汉城市圈的府际合作各有千秋，环长株潭城市群在行政领域和文化领域的府际合作成效显著，武汉城市圈在社会建设领域和生态环境保护领域的府际合作成绩突出，两者在经济领域的府际合作水平不相上下，这使得两个城市群府际合作综合水平排名自 2013 年来呈交替上升的态势。环鄱阳湖城市群五个领域的单项得分和综合得分均落后于武汉城市圈和环长株潭城市群，与两者的差距有进一步拉大的趋势。

（三）对长江中游城市群、长三角城市群与京津冀城市群的府际合作进行了多维度比较

长江中游城市群、长三角城市群与京津冀城市群府际合作的起步时间接近，但三者在合作成员规模与结构、合作意愿、重点领域、合作组织、合作机制和合作成效上却呈现出差异，长江中游城市群府际合作水平还有很大的提升空间。借鉴长三角和京津冀城市群的经验，长江中游城市群应该加强次区域府际合作，由点带面实现全区域协同发展；加快城市发展，形成"一核两极多节点"式层级递进的城市体系；完善府际合作组织，组建常设区域合作机构；强化纵向统筹机制，完善横向协作机制。

（四）分析了长江中游城市群府际合作水平的影响因素

长江中游城市群府际合作水平是多种外部环境和内部条件因素共同作用的结果。从外部环境看，国家区域发展战略在诱导和推动长江中游城市群府际合作上发挥了重要作用，但由于缺乏有效的监督约束手段，政策激励效应呈现出递减的倾向；与日俱增的经济社会发展压力迫使长江中游城市群内的地方政府积极谋求合作，以有效回应社会公众的需求；国内其他区域府际合作的成功经验产生积极的示范效应，提高了长江中游城市群内地方政府对合作收益的预期。从内部条件上看，中心城市辐射带动能力不足、经济同质化竞争激励、合作组织权能不足、信息交流平台不完善、专项区域规划缺失和利益分配机制不健全等因素制约了府际合作水平的提高。

（五）总结了美、日、英三国典型城市群府际合作的做法与经验

美国纽约大都市圈、日本东京大都市圈和英国伦敦大都市圈的府际合作各有特色，但三大都市圈也具有一些共同特征，如多元主体的共同参与、科学的区域规划和法律制度、完善的府际合作机制、灵活多样的府际合作方式等，正是这些共性特征构成了城市群府际合作发展的一般性规律，并为我国长江中游城市群的府际合作提供了经验借鉴。

（六）探讨了长江中游城市群府际合作水平的提升路径

府际合作元治理是指由中央政府通过制度规则、组织知识、激励控制等策略自上而下地进行设计和管理，促进区域自组织治理的实现。该模式将等级制权威嵌入区域自组织网络，能够克服长江中游城市群现有平等协商府际

合作模式的弊端，同时又充分尊重地方的自组织形式在实现区域发展战略中的主体地位，实现了自组织网络和等级制结构的辩证统一。可以通过完善府际合作元治理的组织机制、决策机制、执行机制、激励机制和保障制度来提升长江中游城市群府际合作水平。

二、成果存在的不足或欠缺

（一）不能简单直接地全面推广

本书在设计府际合作水平测度指标体系时坚持了普遍性与特殊性相统一的原则，所选取的绝大部分指标能够准确表征城市群府际合作的一般特征要求，但个别指标又体现出区域特色，如在产业布局一体化指标选取上，根据《长江中游城市群发展规划》中的产业目标定位，选择了现代农业、现代服务业、现代制造业和战略性新兴产业聚集度等指标。因此，在对其他城市群进行评价时，需要对个性化指标进行调整。

（二）主观指标数据的调查样本数量有限

考虑到府际合作水平问题专业性强，且宏观抽象，社会公众很难对此问题形成全面、直观、清晰的认识，本书主要面向政府相关部门工作人员和高校及科研院所相关研究人员展开调查，采用滚雪球式的非随机抽样调查方式，以研究者身边符合要求的熟人为起点，然后逐渐将样本对象向外扩散，由此调查到的样本数量比较有限，主观数据可能会产生一定的偏差。

三、尚需深入研究的问题

（一）府际合作元治理模式中等级制权威管理策略的研究

元治理为区域网络治理提供了等级制保护，但等级制权威也可能抑制地方的自主权与灵活性，本书仅对这种辩证关系做出了初步分析。在元治理模式下，等级制权威如何在裁判员和合作伙伴这两种相互对立的角色之间实现相互转化与平衡，是有待进一步研究的领域。

（二）长江中游城市群产业协同发展研究

产业布局一体化涉及地方财政收入这一核心经济利益，是府际合作的难点之所在。如何通过机制和制度的创新引导各地错位发展、实现优势互补是尚待深入研究的重要问题。

参考文献

一、中文文献

（一）中文著作

1. 薄贵利. 近现代地方政府比较 [M]. 北京：光明日报出版社，1988.

2. 陈安国. 城市区域合作 [M]. 北京：商务印书馆，2010.

3. 陈瑞莲. 区域公共管理导论 [M]. 北京：社会科学文献出版社，2006.

4. 陈振明. 公共管理学 [M]. 北京：中国人民大学出版社，2005.

5. 洪世键. 大都市区治理——理论演进与运作模式 [M]. 南京：东南大学出版社，2009.

6. 黄黎明. 中国城市化道路初探 [M]. 北京：中国建筑工业出版社，1989.

7. 林尚立. 国内政府间关系 [M]. 杭州：浙江人民出版社，1998.

8. 刘彩虹. 整合与分散——美国大都市区地方政府间关系探析 [M]. 武汉：华中科技大学出版社，2010.

9. 刘嗣明，刘希，李志扬，罗金阁. 武汉城市圈区域经济一体化的机制创新研究 [M]. 北京：经济科学出版社，2013.

10. 刘士林，刘新静. 中国城市群发展指数报告（2013）[M]. 北京：社会科学文献出版社，2013.

11. 刘亚平. 当代中国地方政府竞争 [M]. 北京：社会科学文献出版社，2007.

12. 刘志彪. 长三角区域经济一体化 [M]. 北京：中国人民大学出版社，2010.

13. 罗建国. 欧洲联盟政治概论 [M]. 成都：四川大学出版社，2001.

14. 秦尊文，彭智敏，张静 . 中三角蓝皮书 长江中游城市群发展报告（2017）[M]. 北京：社会科学文献出版社，2017.

15. 全治平，江佐中 . 论地方利益 [M]. 广州：广东人民出版社，1992.

16. 上海社会科学院经济法律社会咨询中心 . 长三角区域发展与合作实证研究 [M]. 上海：上海社会科学院出版社，2010.

17. 舒庆，周克瑜 . 从封闭走向开放——中国行政区经济透视 [M]. 上海：华东师范大学出版社，2003.

18. 陶希东 . 转型期中国跨省市都市圈区域治理——以"行政区经济"为视角 [M]. 上海：上海社会科学院出版社，2007.

19. 谭跃进 . 定量分析方法 [M]. 北京：中国人民大学出版社，2006.

20. 王绍光 . 民主四讲 [M]. 北京：生活· 读书· 新知三联书店，2008.

21. 汪伟全 . 区域经济圈内地方利益冲突与协调——以长三角地区为例 [M]. 上海：上海人民出版社，2011.

22. 汪伟全 . 地方政府合作 [M]. 北京：中央编译出版社，2013.

23. 王旭 . 美国城市化的历史解读 [M]，长沙：岳麓书社，2003.

24. 姚士谋，朱英明，陈振光 . 中国城市群 [M]. 合肥：中国科学技术出版社，1992.

25. 杨宏山 . 府际关系论 [M]. 北京：中国社会科学出版社，2005.

26. 叶必丰，何渊，李煜兴，徐健 . 行政协议——区域政府间合作机制研究 [M]. 北京：法律出版社，2010.

27. 张紧跟 . 当代中国地方政府间横向关系协调研究 [M]. 北京：中国社会科学出版社，2006.

28. 张紧跟 . 当代中国政府间关系导论 [M]. 北京：社会科学文献出版社，2009.

29. 张萍，朱有志，史永铭，胡亚文 . 长株潭城市群发展报告（2016）[M]. 北京：社会科学文献出版社，2017.

30. 钟昌标 . 区域协调发展中政府与市场的作用研究 [M]. 北京：北京大学出版社，2016.

（二）中文译著

1. 埃莉诺· 奥斯特罗姆 . 公共事物的治理之道：集体行动制度的演进 [M].

余逊达，陈旭东译，上海：上海三联书店，2000.

2.理查德· D· 宾厄姆.美国地方政府的管理：实践中的公共行政［M］.九州译.北京：北京大学出版社，1997.

3.理查德·C.菲沃克.大都市治理——冲突、竞争与合作 [M].许源源，江胜珍译.重庆：重庆大学出版社，2012.

4.曼瑟尔·奥尔森.集体行动的逻辑 [M].陈郁，郭宇峰，李崇新译.上海：格致出版社，1994.

（三）论文

1.鲍勃·杰索普.治理的兴起及其失败的风险：以经济发展为例的论述，国际社会科学杂志（中文版）[J]. 1999（1）.

2.薄文广，陈飞.京津冀协同发展：挑战与困境 [J].南开学报（哲学社会科学版），2015（1）.

3.蔡武.区域经济一体化与协调发展理论研究综述 [J].内蒙古财经学院学报，2012（5）.

4.陈海威，田侃.我国基本公共服务均等化问题探讨 [J].中州学刊，2007（3）.

5.陈瑞莲.论区域公共管理的制度创新 [J].中山大学学报（社会科学版），2005（5）.

6.崔成，明晓东.日本大都市圈发展的经验与启示 [J].中国经贸导刊，2014（8）.

7.崔龙，窦正斌.经济圈中府际合作的困境与对策 [J].成都行政学院学报，2011（1）.

8.戴宾.城市群及其相关概念辨析 [J].财经科学，2004(6).

9.邓小兵.跨部门与跨区域环境资源行政执法机制的整合与协调 [J].甘肃社会科学，2018（2）.

10.樊梅.基于公共价值账户的社会发展综合评价与实测 [D].华中科技大学博士论文，2015.

11.傅钧文.日本跨区域行政协调制度安排及其启示 [J].日本学刊，2005（5）.

12.高秉雄，姜流.伦敦大都市区治理体制变迁及其启示 [J].江汉论坛，

2013（7）.

13.龚胜生，张涛，丁明磊，梅琳，吴清，葛履龙，储环.长江中游城市群合作机制研究 [J].中国软科学，2014（1）.

14.郭莲.文化的定义与综述 [J].中共中央党校党报，2002（1）.

15.国土开发与地区经济研究所课题组.区域经济发展的几个理论问题 [J].宏观经济研究，2003（12）.

16.何精华.府际合作治理：生成逻辑、理论涵义与政策工具 [J].上海师范大学学报（哲学社会科学版），2011（6）.

17.洪银兴，陈雯.城市化和城乡一体化 [J].经济理论与经济管理，2003（4）.

18.黄征学.城市群的概念及特征 [J].区域经济评论，2014（4）.

19.IUD 中国政务舆情监测中心.《武汉共识》打造中国经济增长第四极 [J].领导决策信息，2013（9）.

20.靖学青.关于创建长江三角洲区域协调组织机构的探讨 [J].经济体制改革，2008（9）.

21.鞠立新.由中外经验看我国城市群一体化协调机制的创建 [J].经济研究参考，2010（2）.

22.雷仲敏，康俊杰.城市首位度评价：理论框架与实证分析 [J].城市理论，2010（4）.

23.冷志明，张合平.基于共生理论的区域经济合作机理 [J].经济纵横，2007（4）.

24.李瑾，冯献，郭美荣.基于元分析的城乡一体化评价体系研究特征分析 [J].华中农业大学学报（社会科学版），2016（3）.

25.李金龙，雷娟.国外大都市区治理模式及其对中国的有益启示 [J].财经问题研究，2010（8）.

26.李荣娟.协同视角下的区域公共治理：契机选择与政策供给 [J].中国行政管理，2011（6）.

27.李瑞林，骆华松.区域经济一体化：内涵、效应与实现途径 [J].经济问题探索，2007（1）.

28.李涛，周锐、苏海龙、张伊娜.长三角区域经济一体化水平的测度：

以关系型大数据为基础 [A]. 2015 中国城市规划年会论文集 [C]，2015.

29. 李雪松，孙博文. 长江中游城市群区域一体化的测度与比较 [J]. 长江流域资源与环境，2013（8）.

30. 李一花. "地方政府竞争"的经济学分析 [J]. 广西财政高等专科学校学报，2005（1）.

31. 刘安国，张越，张英奎. 新经济地理学扩展视角下的区域协调发展理论研究——综述与展望 [J]. 经济问题探索，2014（11）.

32. 刘磊，许志行. 基本公共服务"均等化"概念辨析 [J]. 上海行政学院学报，2016（4）.

33. 刘小泉，朱德米. 合作型环境治理：国外环境治理理论的新发展 [J]. 国外理论动态（京），2016（11）.

34. 刘媛，胡忆东. 长江中游城市群产业研究进展及其发展趋势 [J]. 城市发展研究，2016（10）.

35. 刘中顼. 以科学发展观指导城市建设 [J]. 湖南城市学院学报，2010（11）.

36. 龙朝双，王小增. 我国地方政府间合作动力机制研究 [J]. 中国行政管理，2007（6）.

37. 罗震东，韦江绿，张京祥. 城乡基本公共服务设施均等化发展的界定、特征与途径 [J]. 现代城市研究，2011（7）.

38. 吕典玮，张琦. 京津地区区域一体化程度分析 [J]. 中国人口资源与环境，2010（3）.

39. 马海龙. 京津冀区域协调发展的制约因素及利益协调机制构建 [J]. 中共天津市委党校学报，2013（3）.

40. 马海龙. 行政区经济运行时期的区域治理——以京津冀为例 [D]. 华东师范大学博士学位论文，2008.

41. 马燕坤，肖金成. 长江中游城市群与长江三角洲城市群的比较分析 [J]. 中国物价，2016（2）.

42. 孟美侠，张学良，潘洲. 跨越行政边界的都市区规划实践 [J]. 重庆大学学报(社会科学版)，2019（4）.

43. 苗婷婷，鞠豪. 中美地方政府间横向合作关系比较 [J]. 山东行政学院学报，2011（12）.

44. 牛大卫，曹广忠. 都市区治理的合作模式与演变 [J]. 城市发展研究，2017（11）.

45. 庞效民. 区域一体化的理论概念及其发展 [J]. 地理科学进展，1997（2）.

46. 蒲丽娟. 武汉城市圈一体化研究 [D]. 西南财经大学博士学位论文，2013.

47. 饶常林. 地方政府合作的影响因素分析 [J]. 新视野，2014（5）.

48. 任宗哲、宫欣旺. 组织化：区域地方政府协调发展的一种路径——以乌昌经济一体化与西咸经济一体化比较为例 [J]. 西北大学学报，2008（2）.

49. 生小刚，李婷，张锦支，艾晓峰. 英国大伦敦市政府的组织机构及启示 [J]. 国外城市规划，2006（3）.

50. 史育龙，周一星. 戈特曼关于大都市带的学术思想评介 [J]. 经济地理，1996（3）.

51. 施祖麟，毕亮亮. 我国跨行政区河流域水污染治理管理机制的研究——以江浙边界水污染治理为例 [J]. 中国人口 资源与环境，2007（6）.

52. 宋方青，朱志昊. 论我国区域立法合作 [J]. 政治与法律，2009（11）.

53. 孙晋，钟原. 我国区域协调发展战略的理论逻辑与法治保障——基于政府和市场的二元视角 [J]. 江西社会科学，2019（4）.

54. 锁利铭. 跨省域城市群环境协作治理的行为与结构——基于"京津冀"与"长三角"的比较研究 [J]. 学海，2017（4）.

55. 锁利铭，廖臻. 京津冀协同发展中的府际联席会议机制研究 [J]. 行政论坛，2019（3）.

56. 谭纵波. 从中央集权走向地方分权——日本城市规划事权的演变与启示 [J]. 国际城市规划，2008（2）.

57. 唐亚林，于迎. 主动对接式区域合作：长三角区域治理新模式的复合动力与机制创新 [J]. 理论探讨，2018（1）.

58. 陶希东. 美国"特别区"政府之经验与启示 [J]. 研究城市规划，2010（12）.

59. 天津经济课题组. 京津冀一体化的综述与借鉴 [J]. 天津经济，2014（4）.

60. 完世伟. 城乡一体化评价指标体系的构建及应用——以河南省为例 [J]. 经济经纬, 2008 (4).

61. 王健, 鲍静, 刘小康, 王佃利. "复合行政"的提出——解决当代中国区域经济一体化与行政区划冲突的新思路 [J]. 中国行政管理, 2004 (3).

62. 王福龙. 区域协调发展中地方政府间横向合作的评价指标体系构建 [J]. 行政管理改革, 2019 (10).

63. 王菁. 区域政府合作协议研究 [D]. 苏州大学博士学位论文, 2015.

64. 王凯, 周密. 日本首都圈协同发展及对京津冀都市圈发展的启示 [J]. 现代日本经济, 2015 (1).

65. 王丽民, 刘永亮. 环境污染治理投资效应评价指标体系的构建 [J]. 统计与决策, 2018 (3).

66. 王诗宗. 治理理论的内在矛盾及其出路 [J]. 哲学研究, 2008 (2).

67. 王涛. 东京都市圈的演化发展及其机制 [J]. 日本研究, 2014 (1).

68. 王佃利, 王玉龙, 苟晓曼. 区域公共物品视角下的城市群合作治理机制研究 [J]. 中国行政管理, 2015 (9).

69. 王威孚, 朱磊. 关于对"文化"定义的综述 [J]. 江淮论坛, 2006 (2).

70. 汪伟全. 论我国地方政府间合作存在问题及解决途径 [J]. 公共管理学报, 2005 (3).

71. 王毅, 廖卓娴. 湖南文化创意产业园区发展分析与建设路径 [J]. 经济地理, 2019 (1).

72. 王玉明. 城市群府际环境合作: 影响变量与形成逻辑 [J]. 湖北经济学院学报, 2019 (2).

73. 吴光芸, 李建华. 区域合作的社会资本因素分析 [J]. 贵州社会科学, 2009 (3).

74. 吴清. 推进重点领域和关键环节改革 加快建设全国"两型"社会典型示范区 [J]. 中国经济导刊, 2012 (7).

75. 武义青, 赵建强. 区域基本公共服务一体化水平测度——以京津冀和长三角地区为例 [J]. 经济与管理, 2017 (4).

76. 夏德孝, 张道宏. 区域协调发展理论的研究综述 [J]. 生产力研究, 2008 (1).

77. 习近平. 推动形成优势互补高质量发展的区域经济布局 [J]. 共产党员，2020（2）.

78. 习裕军. 长三角区域文化的承接与发展 [J]. 科学发展，2014（1）.

79. 谢庆奎. 中国政府的府际关系研究 [J]. 北京大学学报（社科版），2000（1）.

80. 邢琰，成子怡. 伦敦都市圈规划管理经验 [J]. 前线，2018（3）.

81. 熊春林，彭杰，张娟，刘玲辉. 湖南洞庭湖生态经济区县域发展成果评价研究 [J]. 生态经济，2017（5）.

82. 熊节春，陶学荣. 公共事务管理中政府"元治理"的内涵及其启示 [J]. 江西社会科学，2011（8）.

83. 徐姝，卞赛凤，夏凯. 长江中游三省产业同构对区域协调能力的影响研究 [J]. 商学研究，2018（2）.

84. 徐双敏，陈洁. 非政府组织在城市圈建设中的作用研究 [J]. 长江论坛，2010（3）.

85. 徐增阳，余娜. 美国大都市区治理中的地方政府自愿合作：何以兴起？何以持续？ [J]. 华中师范大学学报（人文社会科学版），2018（3）.

86. 杨龙. 地方政府合作的动力、过程与机制 [J]. 中国行政管理，2008（7）.

87. 杨龙，彭彦强. 理解中国地方政府合作——行政管辖权让渡的视角 [J]. 政治学研究，2009（4）.

88. 杨龙，郑春勇. 地方政府间合作组织的权能定位 [J]. 学术界，2011（10）.

89. 杨绮瑕，徐明生. 提升区域文化认同助推宁镇扬一体化建设 [J]. 国土与自然资源研究，2019（4）.

90. 杨振山，程哲，蔡建明. 从国外经验看我国城市群一体化组织与管理 [J]. 区域经济评论，2015（4）.

91. 杨正莲. "中三角"联盟破局 [J]. 中国新闻周刊，2012（3）.

92. 姚迈新. 大伦敦城市规划发展的经验及其对广州的启示探析 [J]. 岭南学刊，2019（1）.

93. 易承志. 从分散到集中：伦敦大都市政府治理机制的变迁 [J]. 社会主

义研究，2015（1）.

94. 叶必丰 . 区域经济一体化的法律治理 [J]. 中国社会科学，2012（8）.

95. 叶青 . 中部城市圈的变迁 [J]. 中国建设信息，2013（2）.

96. 余敏江 . 区域生态环境协同治理的逻辑——基于社群主义视角的分析 [J]. 社会科学，2015（1）.

97. 袁莉 . 城市群协同发展机理、实现途径及对策研究 [D]. 中南大学博士学位论文，2014.

98. 袁正然，高法成 . 海上丝路经济带欠发达城市的综合竞争力分析——以广东徐闻为中心的调查 [J]. 财经政法资讯，2015（6）.

99. 曾令发，耿芸 . 英国区域治理及其对我国区域合作的启示 [J]. 国家行政学院学报，2013（1）.

100. 张红，孙艳艳，胥彦玲 . 美国东北都市圈协调发展经验及启示 [J]. 情报工程，2016（6）.

101. 张紧跟 . 伦敦大都市区治理改革及启示 [J]. 岭南学刊，2011（4）.

102. 张京祥，何建颐，殷洁 . 战后西方区域规划环境演变、实施机制与总体绩效 [J]. 国外城市规划，2006（4）.

103. 张强 . 全球五大都市圈的特点、做法及经验 [J]. 城市观察，2009（1）.

104. 张书成 . 基于文化城市群理论的中原文化事业区域协调发展研究 [J]. 洛阳师范学院学报，2014（7）.

105. 张学良，林永然，孟美侠 . 长三角区域一体化发展机制演进：经验总结与发展趋向 [J]. 安徽大学学报（哲学社会科学版），2019（1）.

106. 赵小燕 . 我国公共决策的正义性测度研究 [D]. 华中科技大学博士学位论文，2017.

107. 赵岩，郭小鹏 . 日本大都市圈广域联合治理模式创新研究——以首都圈首脑会议为例 [J]. 日本问题研究，2019（3）.

108. 赵勇，白永秀 . 区域一体化视角的城市群内涵及其形成机理 [J]. 重庆社会科学，2008（9）.

109. 中国人民银行上海总部国际部课题组 . 东京城市经济圈发展经济及其对长三角区域经济一体化的借鉴 [J]. 上海金融，2008（4）.

110. 仲夏 . 城市生态环境质量评价指标体系 [J]. 环境保护科学，2002（2）.

111. 周黎安. 晋升博弈中政府官员的激励与合作——兼论我国地方保护主义和重复建设问题长期存在的原因 [J]. 经济研究, 2004（6）.

112. 周立群, 夏良科. 区域经济一体化的测度与比较：来自京津冀、长三角和珠三角的证据 [J]. 江海学刊, 2010（4）.

113. 周筱雅, 刘志强, 王俊帝, 洪亘伟. 中国建制市人均公园绿地面积的探索性空间数据分析 [J]. 生态经济, 2019（10）.

114. 周正祥, 毕继芳. 长江中游城市群综合交通运输体系优化研究 [J]. 中国软科学, 2019（8）.

（四）报纸文章

1. 范利祥. "中部办"挂牌促进中部崛起 协调中部六省发展 [N]. 21世纪经济报道, 2007-4-21.

2. 国务院发展研究中心课题组. 东京都市圈的发展模式、治理经验及启示 [N]. 中国经济时报, 2016-8-19.

3. 何苗. 区域发展促进基金与"飞地经济"双轮驱动"长三角"一体化进程加速 [N]. 21世纪经济报道, 2013-12-27.

4. 廖志慧等. 武汉城市圈"两型"建设：自加压力树立发展新航标 [N]. 湖北日报, 2013-7-19.

5. 刘玉海. 首都经济圈规划编制将启动 习近平5月指出要推进 [N]. 21世纪经济报道, 2013-7-5.

6. 柳悦. 天津就加大京津冀合作力度召开区域工作联席会议 [N]. 天津日报, 2008-2-22.

7. 欧阳水平. 小城镇大改革的"湖北样本" [N]. 黄冈日报, 2018-12-17.

8. 锁利铭. 府际联席会：城市群建设的有效协调机制 [N]. 学习时报, 2017-9-18.

9. 童海华, 王小明. 中部崛起新路径：打造世界级大都市群 [N]. 中国经营报, 2011-10-15.

10. 吴文娟. 鄂湘赣携手, 挺起长江经济带"脊梁" [N]. 湖北日报, 2018-4-20.

11. 武亚东. 京津冀产业协同发展投资基金正式成立 [N]. 经济日报, 2017-9-30.

12. 杨波, 徐川."五位一体"总体布局的思想意蕴 [N]. 新华日报, 2018-6-19.

13. 张志勇. 同饮长江水 赣鄂一家亲——江西湖北两省合作述评 [N]. 江西日报, 2015-5-5.

14. 郑汝可, 谢宏. 合武高铁设计时速 350 公里 [N]. 长江日报, 2019-12-5.

二、英文文献

（一）英文著作

1. Albert Breton. Competitive Governments: An Economic Theory of Polities and Public Finance[M]. New York: Cambridge University Press, 1998.

2. David K. Hamilton. Governing Metropolitan Area: Response to Growth and Change[M]. New York: Garland Publishing, Inc. 1999.

3. Jessop, Bob. Governance and Meta-governance: On Reflexivity, Requisite Variety, and Requisite Irony. In: Governance, as Social and Political Communication[M]. Manchester: Manchester University Press, 2003.

4. Jones, Victor. Metropolitan Government[M]. Chicago: University of Chicago Press, 1942.

5. Robert O. Keohane. After Hegemony: Cooperation and Discord in the World Political Economy[M]. Princeton: Princeton University Press, 1984.

6. Thompson, G. Between Hierarchies and Markets: The logic and Limits of Network Forms of Organization[M]. Oxford: Oxford University Press, 2003.

（二）英文论文

1. Feiock R, Scholz J. Self-Organizing Governance of Institutional Collective Action Dilemmas: An Overview[A]. Richard C. Feiock, JohnT. Scholz, eds. Self-organizing Federalism: Collaborative Mechanisms to Mitigate Institutional Collective Action Dilemmas[C]. New York: Cambridge University Press, 2010.

2. Firman T. Inter-local-government partnership for urban management in decentralizing Indonesia: from below or above Kartamantul (Greater Yogyakarta) and Jabodetabek (Greater Jakarta) compared[J]. Space and Polity, 2014,18(3).

3. G Bel, ME Warne, Mildred E. Warner. Inter-municipal Cooperation and

Costs: Expectations and Evidence[J]. Public Administration, 2015,93(1).

4. Jan Kooiman. meta-governance: values, norms and principles, and the making of hard choice[J]. Public Administration, 2009 (4).

5. Jessop. Capitalism and Its Future: Remarks on Regulation, Government and Governance[J]. Review of International Political Economy, 1997(4).

6. Mark Whitehead. "In the shadow of hierarchy": meta-governance, policy reform and urban regeneration in the West Midlands[J]. Area, 2003(1).

7. Ole Helby Petersen. Emerging Meta-governance as a Regulation Framework For Public-Private Partnerships: an Examination of the European Union's Approach[J]. International Public Management Review, 2010(3).

8. Ostrom, Vincent, C. M., Tiebout and R. Warren. The Organization of Government in Metropolitan Areas: A Theoretical Inquiry[J]. The American Political Science Review, 1961,55(3).

9. Scharpf. Fritz. W. Games real actors could play: positive and negative coordination in embedded negotiations[J]. Journal of Theoretical Politics, 1994(6).

10. Sorensen, Eva. Meta-governance: The changing roles of politicians in processes of democratic governance[J]. American Review of Public Administration, 2006(5).

后　记

　　本书是我所主持的国家社科基金一般项目"长江中游城市群府际合作水平的测度与提升路径研究"的最终成果。对地方政府区域合作水平进行量化分析目前在国内还是一项开拓性的工作。该研究能够为准确研判区域合作进程提供客观依据，便于上级政府全面了解和衡量合作成效并采取激励措施，进而推进城市群一体化和区域协调发展，具有重要的理论意义和现实意义。但是，由于地方政府区域合作的范围广，且受到其他区域利益主体的影响，对合作水平进行准确测量是一项复杂而艰巨的任务。随着研究工作的深入，我愈发感到自身知识与能力的不足。尽管项目已经顺利结题，成果亦交付出版，我仍然感到研究存在局限性，还有很多问题有待进一步研究。希望这一研究成果能够增加该研究领域的知识积累，在学界起到"抛砖引玉"的作用，吸引更多学者参与该问题的研究，产生大量高质量的府际合作定量研究成果。

　　本书的完成离不开课题组成员的共同努力。在此，我要衷心感谢课题组成员。感谢赵小燕承担了评价指标体系中主观指标数据的收集与整理工作、国外城市群府际合作案例研究子报告的撰写工作和研究成果的文稿校对工作；感谢李新教授对数据处理与分析提供了宝贵的意见；感谢徐勇辛苦的付出，及时并高质量完成了主客观数据的处理工作；感谢林颖教授对课题研究框架与总体思路给予指导性意见；感谢程蕾在百忙之中抽出时间协调课题的调研工作。

　　本书的完成也离不开单位领导和同事的支持。学校和学院领导高度重视科研工作，学校的学术休假制度为研究的完成提供了时间上的保证；学院定期举行的 PI 团队研讨活动使我获得了灵感并提升了研究能力。在研究报告撰写期间，学院同事帮我减轻了教学工作的压力，使得我有充足的时间和精力完成研究。此外，也感谢学校"优化营商环境的理论与实践"课题组给予的帮助，该课题组在府际合作水平测度指标体系设计上给了我启发。

吕丽娜

2021 年 1 月